真のお父様と和服をお召しになった真のお母様（韓国・漢南国際研修院）

「理想世界の主役となる女性」と題してみ言を語られる真のお母様（1992年9月24日、日本・東京）

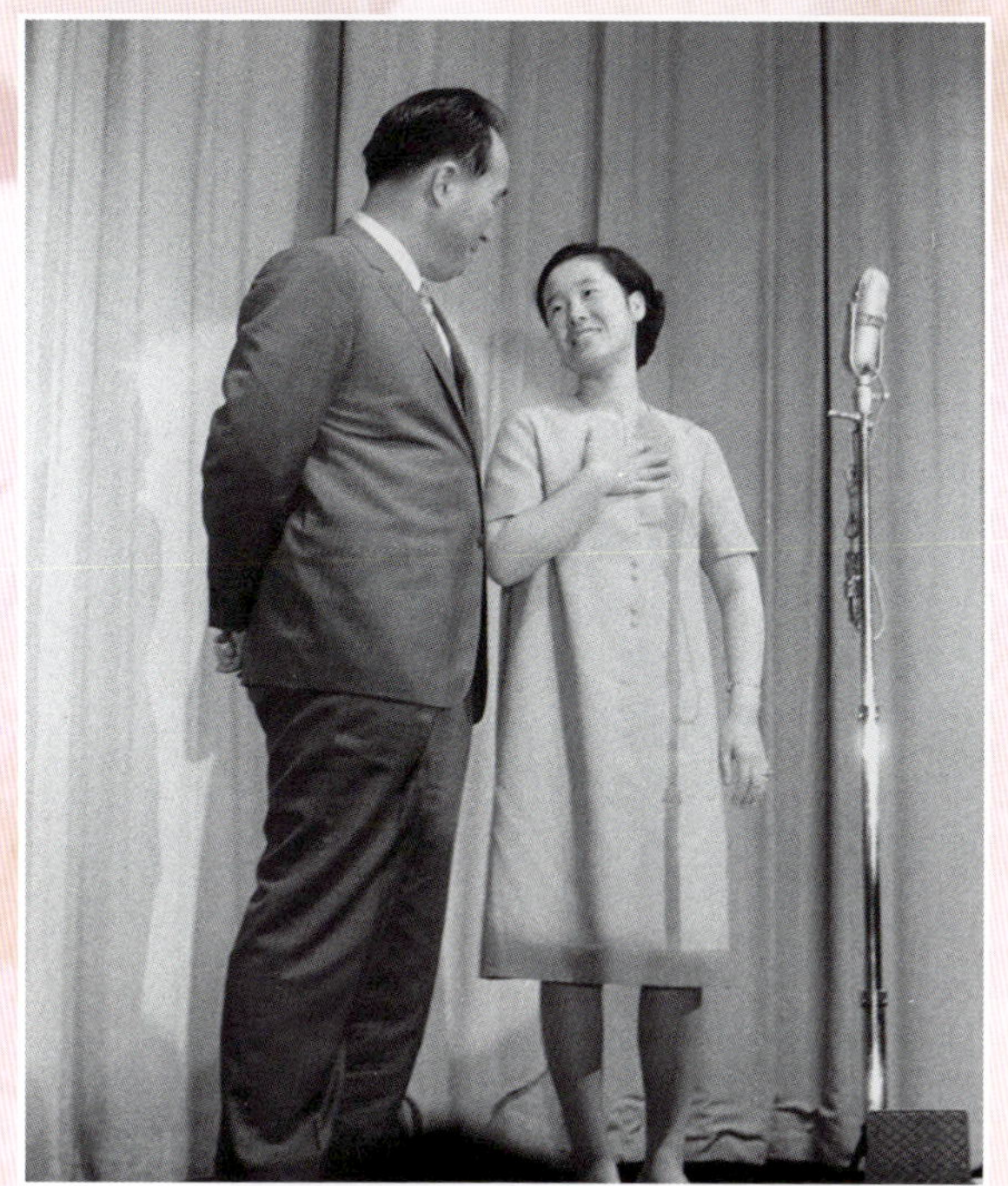

歓迎和動会の場で壇上に立たれる真の父母様
（1967年 6月 13日、日本・東京）

日本の教会員にメッセージを語られる真のお母様（1970年 10月、韓国・水澤里、中央修練院）

リトルエンジェルス芸術団の公演舞台に立たれる真の父母様
（1974 年 12月 27日、日本・東京）

1610双の約婚式をされた真の父母様（1978 年 9月 22日、日本・埼玉）

早朝歓迎集会でみ言を語られる真のお母様
（1986年5月11日、日本・東京、松濤本部）

光の子園を訪問された真のお母様（1986年5月12日、日本・東京、光の子園）

統一教会全国信徒大会で歓声に応えられる真のお母様（1991年 9月 18日、日本・千葉）

統一教会中部・近畿教区信徒大会で歌を披露される真のお母様と文孝進様（1991年 9月 20日、日本・岐阜）

歓迎晩餐会でケーキカットをされる真の父母様
（1992年3月26日、日本・東京、松濤本部）

1967年当時の宝塚修練所の写真を御覧になる真の父母様（1992年3月29日、日本・兵庫、宝塚修練所）

「世界平和女性連合」巡回講演で涙ながらにみ言を語られる真のお母様
（1993 年 9月 28日、日本・京都）

第 1 回日本男性訪韓修練会で和動される真の父母様（1995 年 1月 13日、韓国・水澤里、中央修練院）

母の国・日本に贈られた愛の御言

韓鶴子総裁御言選集

1

1965–1995

光言社

はじめに

天の父母様聖会・世界平和統一家庭連合の韓鶴子(ハンハクチャ)総裁（以下、真のお母様）は、夫である文鮮明(ムンソンミョン)総裁（以下、真のお父様）と共に、その生涯をかけて、神様のもとの人類一家族世界を実現するために、尽力してこられました。二〇一二年に真のお父様が聖和(ソンファ)（逝去）された後も、真のお母様は「中断なき前進」を掲げ、真のお父様と一体の立場で世界中を巡回しながら天の摂理を進めて、二〇二〇年には「天一国安着」を宣布されました。今も、真のお母様は二〇二七年の「天の父母様の日」を勝利して迎えるために、先頭に立って歩んでいらっしゃいます。

天の摂理から見るとき、韓国は「父の国」、日本は「母の国」の立場にあります。そのような意味で、日本は真のお母様の心情と事情を近く感じ、その愛を最も受けられる立場にあるとも言えるのではないでしょうか。事実、真のお母様は母の国・日本に対して、今に至るまで、特別な関心と愛情を注いでくださいました。

また、真のお父様は一九九一年六月、カナダにおいて日本を代表する女性たちが参加する中、「顧命性宣誓宣布」をされました。「顧命」とは「王の遺言」を意味しますが、真のお父様は御自分が聖和した後、真のお母様がその使命を引き継ぎ、天の摂理を果たしていこうとされる中で、日本の女性代表が責任を持って真のお母様をお支えすべきことを宣布されたのです。このようなことを考えてみるとき、日本は世界の中でも特に、真のお母様と一つになるべき立場にあることが分かります。

真のお母様は、二〇二三年、傘寿（八十歳）を迎えられます。本御言集は、人類の父母として歩んでこられた真のお母様の今日までの御生涯をたたえ、傘寿をお祝いするとともに、これまで日本を愛してくださった真のお母様の御跡を慕いながら、より一層、心情的に一体化していこうという願いのもと、制作されました。

それぞれの巻には、主に真のお母様が日本に向けて語られたみ言、あるいは、日本の食口に向けて語られたみ言が掲載されています。一つ一つのみ言を通して、母の国・日本に対する真のお母様の願いや、真のお母様と日本食口との間に結ばれた心情的因縁を感じ取っていただければ幸いです。

本御言集は、全五巻の構成となっています。時系列順に、第一巻には一九六五年から一九九五年までのみ言、第二巻には一九九六年から二〇〇一年までのみ言、第三巻には二〇〇二年から二〇一二年までのみ言、第四巻には二〇一三年から二〇一七年までのみ言、そして第五巻には二〇一八年から二〇二二年までのみ言が収録されています。

今回収録したみ言は、既に出版された天一国経典、書籍、機関誌（「ファミリー」・「Today's World Japan」・「世界家庭」・「祝福家庭」）に掲載されたみ言などを出典とし、一部、新たに翻訳しました。その上で、表現の整理や表記の統一などの編集を行いました。なお、講演文以外のみ言のタイトルは、編集委員会で付けています。

本御言集が、真のお母様との心情的因縁をより深め、摂理を力強く、大きく進めていくための一助となることを願います。

二〇二三年一月

天の父母様聖会 世界平和統一家庭連合

目次

1　御聖誕日に寄せられた真のお母様の手紙

一九六五年二月七日
日本・東京、本部教会（南平台町）

＊真の父母様の御聖誕日に日本食口（シック）に寄せられた、真のお母様からの手紙

愛する日本の食口の皆様。

皆様、どれほど待ち望んだ喜びと幸せの時でしょうか。それぞれが様々なかたちで心に描き、思慕したことでしょう。そのお姿に実体で侍（はべ）るという美しい夢。胸のときめきに浸っている皆様の姿は、想像するに余りあります。

食口の皆様、一つ残念に思うことがあります。慕わしい皆様の姿を共に見ることができず、再び慕うしかないこの身を無念に思います。皆様も同じことでしょう。

愛する食口の皆様、（お父様に）お会いになった瞬間、皆様はどのように感じましたか？　ただうれしく、満足に思いましたか？　それとも、少し隔たりを感じたでしょうか？

皆様、あまり急ぎすぎないようにしましょう。皆様の生命の問題ではありませんか。心の余裕を持っ

てください。そうすれば、心の中から皆様を満足させる新しい知恵が、皆様の目を開いてくれるでしょう。後悔のない、侍る生活をしてください。私よりもさらに精誠に精誠を重ね、お父様の心情を探し求めてください。

どのようなことを語られたとしても、皆様を生かすための父母です。二度と来られない唯一のお方が導かれるとおりに努力し、持てる力を尽くして、み旨を果たすために奮闘してください。勝利の一日、栄光の一日を天と地と、全人類が享受する日まで、力強く、勇ましく進みましょう。大きく手を広げられた、慕わしいお父様の懐に、みな一緒に抱かれましょう。願い焦がれた一日です。その喜びは私たちだけが知っています。それを万民が共に享受できるよう、休まず、倒れずに、先頭に立って進みましょう。

2　真のお母様の御挨拶

一九六七年六月十二日
日本・東京、松濤本部

＊真の父母様御一行歓迎会の場で、初来日された真のお母様が日本の食口に向けて挨拶された時のみ言

皆様にお会いする時の心情は、言葉で表現することができないような、切実なる感じがいたします。心の中では皆様と共に、いつもつながっておりましたけれど、一つ残念なことは言葉が通じないことです。このことが今後の生活において非常に問題だと思うのですが、心を通して交わる期間におきまして、親しいその一面を見いだすように努力したいのであります。

言いたいことはたくさんあるのですけれど、膨らんだこの胸に躍るこの気持ちを……言い表すことができないのであります。ありがとうございました。

3　聖日礼拝における真のお母様のみ言（ことば）

一九六七年七月九日
日本・大阪、大阪教会

＊大阪教会での聖日礼拝で語られたみ言

皆様、お会いできて本当にうれしいです。大阪は、いつも私の記憶から離れなかった所です。韓国にお越しになった方々のお顔、皆様の心のこもった切実なお手紙（を思いながら）、草創期の多くの苦労と困難を経て、これほどに成長したということが、ただただ、天の前にありがたく、感慨無量です。（私の心情を）どのように表現したらよいか、言葉が見つかりません。大阪に着いて最初に受けた印象は、工場の多い、忙しい都市だということです。ここの教会に来て、たとえ言葉が通じず、様々な意見を交わすことはできなくても、ただ皆様のお顔を拝見するだけで、内面に秘められた心情と心情が通じ合い、本当に、一つのみ旨を中心として親子の縁で結ばれていることを切実に感じます。

少しおかしい話ですが、大阪には、「ここで生まれ、ここで食べて、ここで死ぬ」という言葉があると聞きました。おそらく商店、飲食店が多くてそのような言葉ができたと思うのですが、これを私たちなりに解釈するならば、私たちにとっての糧食はみ言です。このみ言を皆様が霊肉両面で広げて、この大阪の都市におなかいっぱい食べさせ、さらには日本全体に、そして世界に（満たし）、父の願う一日を迎えるまで、皆様の苦労が必要であり、成長しなければならないと感じます。

きょうは天も祝福してくださるかのように、恵みの雨が降っています。皆様も生涯を通して、多くの愛の恩賜を受け、それを基にして、共に外に出ていき、この工場（で忙しく働く人々）に負けず劣らず、最後までしっかりと闘って、天の父の一日を迎えるその時まで、みな同参してくださることを切に願う次第です。

皆様、世の中に向かって行動する大阪教会を万民に見せてください。これを、挨拶に代えさせていただきます。ありがとうございました。

4 「原理」を知って真の子女となりましょう

一九六七年八月三日
日本・東京、松濤（しょうとう）本部

＊日本統一教会幹部会議の場で語られたみ言（ことば）

神様のみ旨を相続しよう

皆さん、心から神様が信じてすべてを任せることができ、神様のみ旨を相続することのできる子女となってくださるようお願いいたします。この世の学問を修めるということは、何事にも実力を向上させることではありますが、それがすなわち人格を築き上げることにはなりません。

私たちの世界では、何といっても神様の心情を体得することのできる皆さんにならなければならないと思います。それで、今回修練会もありましたし、お父様が帰られた後でも、どうか皆さんがもっと「原理」の実力をつけてくださるようお願いいたします。「原理」を通してのみ、お父様の心情と通じることができるのですから、この点を留意され、「原理」の実力向上に全力を尽くしてください。

ふと思い出される孝進（ヒョジン）の話を少しばかりいたしましょう。お父様が第一次世界巡回路程に発（た）たれた後のことです。孝進は、お父様を寝言で捜すだけでなく、一日中、お父様の姿を絵で描くのでした。平素は非常に情熱的で活動的な、変化に富んだ性格であり、じっとしていることができないのですが、お父様の世界巡回の期間中には、熱心にお父様の顔ばかりを絵で描くのでした。お父様の姿を変化させながら、数枚描いていくのです。一日中、それを続けながらも、飽きないようでした。

事実、孝進は一歳で、まだ二歳にもならないのに、一日中、飽きずに絵を描き続けていました。それが二日、三日を過ぎて、お父様が帰ってこられるまで、一年近くの間、お父様を描くこと、お母様を描くことをずっと繰り返して、飽きないようでした。「真理の追究には飽きがこない」という言葉を確認する期間でした。彼が思慕している方の顔を熱心に描きながら、飽きない彼の姿を見るとき、いろいろと考えさせられました。

孝進はまた、おもちゃをたくさん並べて、おもしろそうに遊ぶことも一日中、繰り返します。私はその子供の姿を通して、お父様に再び出会うようになり、新たに認識する時間を持ちました。

意志と執念のお父様

皆さんは崔(チェ)先生のお話を通して、釣りをしたり狩りに行かれるお父様についてはご存じだと思います。お父様が釣りをされるたびに、私はいつも考えさせられます。

お父様は世の中のどんな人よりも、本当に忙しいお方でいらっしゃいます。御自分が常におっしゃるように、摂理を成就するためにいろいろな用事や複雑な計画を考え、推進しておられます。それにもかかわらず、釣りをされる時には、釣り以外には何も考えないかのようであり、世の中にそれしかおもしろいことがないかのように、真剣に釣りに専念されるのです。ある時は池で大きな魚を御覧になって、必ず釣らなければならないとおっしゃりながら、四十日間もずっと、その場所で釣りをされるお方でいらっしゃいます。

そのようなお父様を考えるたびに、歴史始まって以来、お父様ほど意志と執念の強い方はいないだろうと思うのです。皆さんも天のお父様をしのび、思慕しながら、そのお方の姿に自分も似て、完成した人間になるその瞬間まで、真理を体得し、自らが真理の根源となってくださることをお願いいたします。

韓国のことわざに、「枝の多い木には風のやむ日がない」という言葉があります。枝が多い木は、特に風に揺られます。それは何を意味するかと申しますと、子供をたくさん持っている父母は、枝が多い木に風のやむ日がないように、子供に対する心配事が多いというのです。子供をたくさん持っている親は、彼らみんなを育て、教育するため、いろいろと心配事が多いということです。

お父様は、御自分の私生活は全く顧みられません。本当に忘れてしまったような生活をされます。しかし世界、人類に対しては、最後の一人までも自分の懐の中にかき抱き、神様の前に正しく立てなければならないという信念を持って、孝子、孝女として新生させることに心血を注いでいらっしゃいます。

特に食口（シック）の皆さんの身辺に対しては、常に考え、心配されない日がありません。

神様と一体であられるお父様

私はいつもお父様に申し訳ないと思っているのですが、寝床に入って早朝に目を覚ますと、もう既に、いつ目覚められたのか、お父様は熱心に祈祷をしていらっしゃるのです。風が吹いても、雨が降っても、夜も昼も、皆さん、統一教会の子女のために祈祷をしていらっしゃいます。また、み旨を成就するために深い瞑想（めいそう）にふけっていらっしゃるお父様の姿を見る時、私は本当に神様が愛さざるを得ないお方であると思います。

どうか皆さんが「原理」で武装し、そして天の心情を通して、主人と僕（しもべ）の関係ではなく、父と息子の関係として結ばれた心情世界で生きていくことができるよう願います。苦労する時、常にお父様の姿を考えてください。お父様が皆さんの背後で最も心配してくださり、皆さんのために祈祷してくださっています。皆さんを思って必死に協助しているお父様がいらっしゃることを心強く思って、いかなる苦難が押し寄せても、その逆境を忍耐し、真理と愛を地の果てまで伝えられる子女になってくださることをお願いいたします。

お父様の真の愛を受けた真の子女となる道は、何よりもお父様の心情を感じ、お父様の心情を理解し、そして、お父様の心情を自分の心情にすることです。皆さんの前に立った私は、言葉が通じなくて、多少不便を感じますが、それ以外のことは決して不便を感じません。

そしてアメリカや日本はみな、神様を中心としたお父様の国を成就する中心国家であるという以外に、ほかの意味は考えられません。過去を振り返ってみると、私たちの先祖は同じ先祖であり、同じ兄弟姉妹として召されてきたのですから、地の果てまで、神様を中心にして世界は一家族であるという理念を地上に実現するその瞬間まで、闘っていかなければならないと思います。

私たちにおいては、「原理」は本当に貴重なものです。日本を発つ前に申し上げたいことは、皆さんが「原理」で武装して、本当に神様が願い、信じ得る子女となっていただきたいということです。「原理」で実力を積み、サタンと闘って最後の勝利を得る者となってくださることをお願いいたします。

5　新しく日本を復帰する基準が立ちますように

一九六九年二月二日
日本・東京、松濤（しょうとう）本部

＊四十三双の祝福のために来日された日に語られたみ言（ことば）

再びお会いできましたことを深く感謝いたします。私は少し日本語を勉強しましたけれども、子供の教育上から見たときに、韓国の言葉を使うほうが良いのではないかと思って、このたび韓国の言葉で話すことを許してください。

あなたたちが重い荷を背負っていろいろと苦労されているということを、手紙等を通して知っています。……私の心は何とも言いようのない感動を受けました。神様の摂理を成し遂げるため、いろいろな方面に熱心に働いてくださることを本当に感謝するとともに、今後ともよろしくお願いいたします。神様の善なることを成すときにサタンの働きがまた大きいことを知っております。しかし、苦労したのは過去のこととして……たくさん話を聞いて心霊を高め、新しく日本を復帰する基準が立ちますよう願いながら、感謝しつつ、これで挨拶の言葉といたします。

6　私たちはどんなことでもできます

一九八三年三月十三日
日本・東京、松濤本部

＊来日歓迎式で語られたみ言。真のお父様がアメリカ政府から脱税の嫌疑をかけられていた深刻なとき、真のお母様は日本の教会員を激励するために来日された。

皆さんの苦労は父母を慰める孝道

お会いできてうれしく思います。到着してこの新しい本部教会の建物に入った時、限りない感激に浸りました。私一人が来るのではなく、お父様と一緒にこの建物の中で皆さんにお会いできれば、どんなに良かったかと考えてみました。

本当に皆さん、御苦労が多かったことでしょう。これまで私が公式的な集会で語ることをためらった理由があるとすれば、それは心情的に到底耐えることのできない、しこりのようなものがあったためです。それでその感情を抑えて語ることができるように、いろいろ努力してまいりました。しかし皆さんに対してみると……そうではないのです。父母が子女に対するという立場で考えてみるとき、父母が子女に対するのに、何か堅苦しい言葉が必要でしょうか。何の言葉も必要がないと何度も感じるようになりました。このように涙が先にあふれるのをどうすることもできません。

今まで皆さんがお父様のみ言を受け入れて、内的、外的にいろいろと苦労する姿を、折々訪ねてくる指導者の報告を通して多く聞いています。私も本当に、何をもって皆さんを慰め、激励することができるかと、随分考えました。

そしてお父様に侍(はべ)って世界各国を巡回する時、多く感じたことがあります。「今、まさにこの時に、お父様のみ旨を受け入れ、お父様の手足となって働いてくれる人はいったい誰だろうか」と、たびたび考えたのです。

栄光から出発しなければならない歴史でしたけれども、アダムとエバの失敗によって、恨(ハン)多い復帰歴史として出発しなければならなかった天のお父様の歴史が思われます。同様に、お父様お一人で歩まれた生涯も、迫害と苦難と絶え間ない受難の路程を通して今日の統一世界の基盤に広げるまで、誰も言葉では表現できない、秘められた事情が多いことを私たちはよく知っています。一言で言えば、涙なしでは語れず、身の置きどころもない、血と苦痛の歴史であることを、皆さんは体験されたことでしょう。

このような歴史過程を通して、今日多くの国で成就される役事を見るとき、本当にお父様が重要であり、貴重であることを骨身に染みて感じます。

サタンと法廷闘争をされるお父様

サタンは私たちに余裕を与えません。今回アメリカであった裁判を、皆さんは詳しく知っておられるでしょう。必ず天が勝利を収められることを私たちは知っています。しかしその過程においてお父様は、陰に陽にとても疲れていらっしゃいます。言葉には出されませんけれども、内的には血のにじむような闘いをしていらっしゃるのです。その激しい闘いの中で成し遂げられたアメリカでの多くの仕事は、皆さんもよく知っておられることでしょう。「ワシントン・タイムズ」の創刊や二度にわたる巨大な祝福の行事など、ほかにも量り知れないほど多くのことをなさいました。

最近、「ニューヨーク・タイムズ」がホンジュラスのカウサ活動について報道したことがあります。その記事では、カウサ活動は文（ムン）牧師が後援している団体だと報道しました。この世の人々は、理解ができないでしょう。南米や中米はもちろん、アフリカに至るまで、世界百三十七カ国に宣教師を派遣しており、そこでみ言（ことば）の炎が燃え上がっています。

私がなぜこのようなことをお話しするのかといえば、子女が物心つく時分には、もうその父母は年老いてしまっているではないか、と考えるからです。

今まで私は、み旨に従ってお父様に侍（はべ）りながら、お父様を誰よりも観察してきました。復帰の恨（ハン）多い歴史が、ともすると後退するか、複雑にもつれやすい時点で、お父様は何とかして歴史をお一人で正していこうと、心身を投じられたことが多くあります。しかし今、それをお話しする時間はありません。

特別に天が私を祝福してくださり、本当に誇らしい十四人の息子と娘を与えてくださったことに対して、心から深く天の前に感謝を捧げたいと思います。感謝する生活の中でも切ないことは、お父様がみ旨のために心を砕き、苦労される姿です。お父様はよく「私は既にいつでも死ぬ準備ができている」とおっしゃいます。そのような言葉を聞くたびに、私は、何でもないことのように聞き流してしまうことができません。

歴史的、摂理的にエバの使命が与えられた日本、特に今日の日本の幹部である中心メンバーが集ったこの場で、母として私はお願いしたいのです。私たちの誇りがあるとしても、私たちの喜びがあるとしても、そして私たちの幸福があるとしても、かけがえのないお父様なくしては、それらが意味のないものになるのです。

祝福家庭の願いは地上天国

日本にも数千の祝福家庭がいます。祝福家庭の願いは何でしょうか。統一教会の願いは何でしょうか。それは地上天国であり、神様と真の父母に共に侍って生きたいということではないでしょうか。私たちの時代にできないとするならば、私たちの子孫を通してでも、必ずその日をこの地球上に来(きた)らせるのが、父母の責任ではないでしょうか。統一運動、統一の歴史が、必ずこの地上で完成を見るのは間違いありません。可能ならば私たちの代で、今この時代に真の父母と共にみ旨を完成させて、それを見た後世の人々が本当に誇らしく思える家庭となり、私たち自身となるように、私たちは切に願っています。

私たちは既に決心して立った身です。固く覚悟している私たちが何を恐れるでしょうか。今アメリカでは、三月一日を期して日本食口が全員動員されました。ニュースを通してよく知っておられるでしょうけれども、その中には祝福家庭として多くの子女を持つお母さんもいます。あるお母さんが語った話ですが、「本当に幼い子供たち、一、二歳から三、四歳までの子供たちがいる中で、決心して出るのはとても難しいことでした」と証するのです。「いったんみ旨に従って、出てきたこの身であるのに、できないことがどこにあるでしょうか」という話を聞きました。私たちは何でもすることができます。

何でもできるとするならば、お父様が国家や人々のいかなる拘束も受けずに、心の願うままに、この地に遣わしてくださった天のみ旨に対する使命を、この時代にすべて果たせるようにしてさしあげなければならないでしょう。そのためには、皆さんが努力を続け、精誠を尽くしてくださるよう、心から深く祈願いたします。

皆さんが誰よりもお父様を愛しておられることを、私はよく知っております。お父様もまた皆さんが必要なのです。世界をどんなに回ってみても、事情と心情が通じるのはやはり日本食口の皆さんではないかと思います。お父様は皆さんを誇らしく思っていらっしゃいます。

余談になるかもしれませんが、時間が許されるなら、日本中をくまなく回ってみたいと切に思います。どうしてもできなければ、皆さんが苦労している一カ所でも、その中で代表される所に一度行ってみたいです。ありがとうございました。

7　神の愛が日本と共にありますように

一九八四年十月十日
アメリカ・ニューヨーク、イーストガーデン

＊イーストガーデンを訪問した日本食口の父母たちに語られたみ言

日本を先頭に立てた神様の摂理

私が皆さんに申し上げたいのは、外的な日本ではなく、内的な日本についてです。今、神様の摂理を成していくにおいて、日本を先頭に立てて活動している統一運動の内容を見るとき、日本は神様と近い関係を結んでいるといえます。また、日本が真理と愛に基づいて神様のみ旨と一体となっており、神様の心に最も近い国として、常に愛を受けているといえるのです。これが、日本を外的に世界の中で繁栄させる原因ではないかと思います。

日本の外的な発展は、摂理的な一時代のものです。この時代が過ぎ去れば、またどうなっていくか、誰にも分かりません。これは歴史を見るといつも分かります。

ところが、皆さんが神様の前に感謝しなければならないことは、皆さんの子女たちが神様の前に父母

と一つになって働いているという事実です。特に理念に基づいて因縁をつくったことは、いくら時間がたっても、年を経ても、千年万年消えることのない、一つの貴重なたまものとして残されることでしょう。そういう愛のたまものを神様から頂いたということを切に感じてくださるようお願いいたします。

この終末の時代に、犠牲的に生き、全世界と宇宙、そして神様の摂理に貢献したという事実は、永遠に消えることがありません。神様からそのような恩賜を受けているという事実を皆さんがこの場を通して感じる旅行になるとすれば、これ以上の光栄なことはありません。

獄中で世界のために祈られる文先生

皆さんがせっかくアメリカに旅行にいらっしゃったのに、文先生がイースト・ガーデンにいらっしゃらず、皆さんを直接歓迎することができないことを本当に残念に思います。

ところが、皆さんご承知のように文先生は今、歴史的に最も重大な役事をなさっています。将来、歴史家はこの事件、すなわち文先生が今なさっていることこそ、神様の前に永遠に尽きることのない偉大な功績と実績を収めるための最も偉大な瞬間（み業）であったことを必ず証明することができるでしょう。

今、皆さんを歓迎しながら、うれしい中にも、文先生がいらっしゃらないので悲しく寂しいところがあります。一人の女性として、その方の妻として、胸の痛む思いをどうすることもできません。

今回の旅行を通して、皆さんがこの天宙的な最後の闘いにおいて、必ず最終的な勝利を収めるという決意を固くしてくださることをお願いいたします。文先生の歴史的な闘いの隊列に、皆さん自身も参与するのだという考えで、このアメリカ旅行の意義を深く心に刻みながら、日本に帰ってその旨を伝える皆さんとなってくだされば、それ以上願うことはありません。

まだいろいろとお話ししたいことはありますが、胸がいっぱいで筋道がつかめず、すべての内容を語ることができません。そういう点を皆さんが承知してくださり、理解してくださることをお願いいたします。

壮年期というのは、木に例えるならば、根っこのようなものです。根が深く広く張っていなければ、その木は丈夫に育つことができません。根っこに該当する日本の壮年婦人部が堅固に発展しているということは、将来、その木が本当に大きな木に育つことを意味しているといえます。日本の壮年婦人部が世界の中へ無限に伸びていくことは、日本の未来にとって希望的なことです。

皆さんの今回のアメリカ旅行が、神様と皆さんの間に深い愛を育み、永遠の命を得ることのできる機会になることを心から願うものです。アメリカを旅行する間、神様の愛と祝福が皆さんと共にありますよう心からお祈りいたします。ありがとうございました。

8　日本の使命

一九八六年五月十一日
日本・東京、松濤本部

＊歓迎集会の場で語られたみ言

血と涙の道を越えて

お会いできて本当にうれしく思います。先ほど、「母の日」にこのようにお母様を迎えられたことに対して、本当にうれしいという話がありました。このように壇上に立つたびに、神様と皆さんの前に済まない感じが致します。

この世においても父と子供よりは、母と子供の間のほうがもっと近いと思うとき、母が使う言葉と子供の使う言葉が違うということを考えると、過去に何か間違いがなかったかと思います。皆さんを叱る前に、身近に通じ合うことができず、通訳を立てて意思を伝えなければならないことが切ないです。いずれにせよ、統一教会の人の使命として、天が願っておられる母国語を学ばなければならないのですから……。特に他の国に比べて日本は、まず母親の立場を立ててくださり、発奮して、韓国語が分かるようになれば、本当に良いと思います。

今、私たちは二十一世紀に向かって歩んでおります。日本は、情報面において、そして経済産業分野においても、先端を歩んでいると思いますし、また、私たちの摂理的み旨の中においても、最も情報が早いのが日本ではないかと思われます。そのため、イースト・ガーデンでなされることや韓国内においてなされることが、一時間以内に伝達され、実践されているのが日本ではないかと思います。

そういう点で、ある面においては、皆さんのほうが私よりも多くみ言について知っているし、また実践されていると思います。

お父様がダンベリーで世界的な勝利をされた後、韓国に来られて満五カ月が過ぎました。その中において、多くの役事をされたことについては、皆さんがよく知っておられると信じています。韓国は、摂理的な面においても、また外的な面においても、最も困難を受けている時であると思います。

遡って考えると、神様がイスラエル民族を立てたのは、「終わりの日」に御自分の独り子を送り、それを彼らが迎え入れることによって、世界を一気に復帰なさろうとした、大きなみ旨があったことを、皆さんは「原理」を通してよく知っておられます。迎え入れるべき民が侍(はべ)れなかったために、イエス様の十字架以後、二千年にわたってキリスト教を立てて、これまで摂理してこられた神様の血と涙の歴史は、神様がキリスト教を通じて御自分の願っておられるみ旨を一時に成就するために準備してこられた歴史であったということを、私たちはよく知っています。

お父様が役事をなさるその時は、韓国においても混乱期でした。第二次世界大戦直後でした。その時、神様がキリスト教を中心として役事できる土台を備えましたけれども、キリスト教の人々が迎え入れることができなかったがゆえに、再び十字架の路程のように、底の底から出発せざるを得なかった私たちの歴史を、皆さんはよく知っておられます。

このように、人間の不信によって悲惨な歴史を繰り返しながら、今日において、お父様を中心とした統一教会が底の底から今のこの段階に上がってくるまでには、「お父様！」と言うだけで痛哭（つうこく）してしまうような心情があったことを、皆さんは体恤（たいじゅつ）されるでしょう。数知れないほどに不信し、不忠する人間たちを教化し、整えて、み旨を悟って行動できるようにするまでの血と涙の道を、どうして一言で表現することができましょうか。心情と心情のみが通ずるそのような内容があることを、皆さんはよく知っていると思います。

ダンベリーの十三カ月間における、言うに言えない御苦労は、いま一度父母の立場として、世界を前に許し、愛で抱かれる手本の生活であったことを、皆さんは知っておられます。神様は愛で人間に接してこられながら、常に打たれて奪ってくる愛の作戦をされるということを、私たちは聞いて知っています。歴史始まって以来、自ら愛の化身体となって実践し、行動される方が、どこにいらっしゃったでしょうか。ですから、神様でさえ感動せざるを得ないし、いくら邪悪な世であるとしても、その愛に溶けてしまうしかない、そのような実情を私たちは目の当たりに致しました。

帰国後、五カ月間においてお父様がなさったことは、最高の知識層の教授たちをはじめとして、全国的な勝共連合の全体の班、支部長に至るまでの教育でした。神様を中心とした真の父母の真の愛が全国にだましています。ただこの真の愛こそが、人類の希望であるとおっしゃったのです。自分個人においても、真の愛を中心としてのみ、心と体が一つになります。また家庭においてももちろん、夫と妻が真の愛を中心としてのみ、一つになります。家族も真の愛を中心としてのみ一つになり、さらに民族と国家と世界も真の愛を中心としてのみ、一つになれるということを、五カ月間、力説されました。

韓国はもちろん、アメリカも、今や「レバレンド・ムーン」といえば真の父母と認められているのを、私たちは見ることができたのです。これから計画していることがあって、済州島（チェヂュド）に数回お供して行ったのですが、初めて行くホテルだったのに、そこの従業員たちには、みんな、お父様、お母様として通じるのです。私が、最初は彼らが食口（シック）ではないだろうかと疑ったほどに、一般国民に至るまで、私たちの思想が広がっているということを、はっきり見ることができました。

皆さんが知っておられるかどうかは分かりませんが、最近、女性雑誌に私が紹介されたのです。そこの題目に私の名前が出て、「聖なる母」であるというのですが、今や母ということで全部通ずるようになったのです。「民の心が天の心に通ずる」という言葉があるでしょう？　その言葉のごとくに、世界が方向を失った主人のいない船のような立場から、主人に出会い、方向をはっきり見定めることができるという確信を持った、という意味ではないかと思われます。

天国創建への希望を担う二世

先ほど、二世の祝福について話がありましたが、本当に、私たちの未来には力強いものを感じます。

今まで私たちが歩んできた歴史、荒野四十年路程において、カナン定着時代を前に、今が最も準備にいそしむ時ではないでしょうか。これまで、子女教育においても、疎(おろそ)かにするしかなかったし、様々な不備な点がありましたけれども、今回二世三十六家庭を祝福しながら、彼らの思想を見るときに、どれほど涙ぐましく、立派で、感謝すべきであったか分かりません。今までの祝福の先輩家庭は韓国に多いのですが、三十六家庭をはじめとして、百二十四家庭まで、その家庭ごとのギャップは言い表せないほどに大きかったと思います。

しかし、それが今回の祝福によって完全に一つになることができました。また、二世たちの思想が正しい道に向かっていっているし、行こうとしているのを見ることができ、感心しました。その多くのカップルたちの話を全部することはできませんが、特に目立つことは、新婦側の態度に、私が見るには大変心温まるものがありました。

皆さんはよく知っておられると思いますが、三十六家庭は、主に女性が年上なのです。成熟期を前にした年齢においては特に、女性のほうが男性より、考えたり判断することは早いでしょう？　新郎たちは幼いのですが、幼いばかりではなく、ある家庭は、新郎の現実があまりにも貧しいのです。生活環境として、部屋が一つしかない、姑(しゅうとめ)に侍(はべ)らなければならない、そのような立場にいるにもかかわらず、また新婦側の父母は自分の娘が心配でいろいろ躊躇(ちゅうちょ)したり憂慮したりするのに、その娘がかえって母親を安心させ、「私は大丈夫です」と言って出(い)で立つのを見ました。本当に美しい情景が多くありました。

このような、美しい話がたくさんあります。それによって一世たちが二世たちの前に、恥ずかしく思うことはもちろんで、悔い改める心で二世と一世がなお一層、一つになったのです。

昔、出エジプトしたイスラエル民族は、荒野において一世がすべて倒れ、二世がカナンに向かって入っていきました。しかし私たちの時代における一世は、二世の前に完全に一つとなった立場から、自分たちがより一層、新しい世界へ向かうその日まで、二世の肥やしとなって、粉骨砕身、熱心にみ旨のために頑張っていこう、というような美しい情景を見ることができました。

今年（一九八六年）の目標は何ですか。「天国創建」でしょう。天国創建において、これから私たちが行く方向がどれほど力強く頼もしいか、二世を祝福するこの過程を通して、神様の前に感謝いたしました。

忠孝烈を尽くして最善の働きを

ここに来るとき、お父様にお伺いしました。「私は日本に事情があって行かなければなりませんが、日本の食口（シック）たちに何かお話ししたいことはないでしょうか」とお尋ねしたら、「皆もよく知っているように、私たちは一九八八年度まで、目標を定めてやっているだろう。最善を尽くして働く道こそが、私たちの生きる道である」とおっしゃいました。

これまで侍って生活してきましたが、今は世間的に見ても、年齢的に見ても、無理をされてはいけない年でいらっしゃるでしょう。それなのに若い人に劣らず、前線で常に考え、計画されて、自ら未来において計画された仕事を求めていかれます。韓国にいらっしゃる間も、少しも家で休む間がないのです。

常に御自分は、あの世に行かれるその日まで、いつもこのようなテンポで忙しく追われるように生きる、そのような生活になるとおっしゃいます。自らそのように実践され、生活されるそのお姿の前に、ついていくのが本当に忙しいのです。

皆さんは、お父様がこの世にいらっしゃらない時のことを考えたことがありますか。今、アメリカで働いている教区長たちがこのような話をします。「イースト・ガーデンに行ってみると、父母様がおられず、子女様たちが多くいらっしゃるが、あまりにも寂しそうに見える」と。皆さんも同じ心であると思います。

皆さんにお願いしたいことがあるとするなら、最善を尽くして、歴史始まって以来、空前絶後ともいえる父母様に、地上で久しく侍り(はべ)得る皆さんになってくださることです。そういう面で、特に日本のエバ国の使命として、父母様に侍ることにおいて忠孝烈を尽くし、先頭に立ってくださいますことを心からお願いしつつ、挨拶に代えさせていただきたいと思います。

9　たくましく良い子になってください

一九八六年五月十二日
日本・東京、光の子園

＊光の子園の園児に語られたみ言(ことば)

私が、真のお母様ですよ。ビデオや写真で見るより、もっときれいですか、そうじゃないですか？お母様にも、皆さんと同じくらいの情進様(チョンヂン)と姸進様(ヨンヂン)がいますが、知っていますか？　その上も、ずっとずっと上へ行けば、十四人もいます。そして、上のお兄さん、お姉さんたちは結婚して、家族がたくさん増えました。ここにいる光の子園の皆さんは、情進様、姸進様と同じ年頃ですね。情進様が今回、韓国に来たのですが、特に韓国語の勉強を熱心にしました。そして英語も熱心にやり、また、皆さんと話がしたいといって、日本語も熱心に勉強していますよ。

皆さんは、韓国の文字を書くことができますか？　まだできませんか？　書ける人はそれほどいないですね。さっき歌を歌っていたのを見ましたが、韓国の子供たちに負けないくらい、とても上手に歌いましたね。文字の勉強も熱心にしなさいね。韓国にも、皆さんと同じような子供たちが多いのですよ。

情進様、姸進様ともお話しできるように、一生懸命に勉強しなさいね！（「はい」）。

　ここのピンクのシャツを着た人たちはみな、先生のようですが、みんな、先生の言うことをよく聞いて、雄々しく美しく育てば、これから良いことがたくさんありますよ。早く早く、大きくなりなさいね。これから良い日々をたくさん迎えるために、皆さんのオンマ（ママ）やアッパ（パパ）が熱心に働いているので、オンマやアッパに負けないように、こちらの先生の言うことをよく聞き、よく書く人には、大きな御褒美をあげるかもしれませんよ。頑張る人、手を挙げてごらんなさい。ああ、良い子ですね。

10　真の愛の筆で世界を先導

一九八六年五月十三日
日本・東京、世界日報社

＊日本の世界日報社を訪問された際、そこで働く食口(シック)に語られたみ言(ことば)

この新聞社が創設されて十年がたちました。お父様をお迎えすることはできませんでしたが、私が代わってこのように皆さんにお会いできたことを天の前に感謝し、皆さんの苦労に少しでも報いることのできる日になればと思います。お父様がこれまで「ワシントン・タイムズ」に集中されたくらい、皆さんに少しでも支援できていたとしたら、どこにも劣らない「世界日報」という名前にふさわしく、日本はもちろんアジアと世界を、情報面においても、また先導する面においても導いていくことのできる、そのような新聞社になり得ましたが……。

その間、新聞社内においても、いくつかの出来事がありましたが、日本の食口全体が団結して、全体復帰のために、苦労の努力をさらにするしかない立場でした。そのような大きなみ旨が願う現実を無視できない立場で、この新聞社が歩んできた様々な険しい道をよく知っています。それでもこれほどまでに土台を築き上げ、一致団結してよく働いてくださっていることに対して、特に感謝いたします。

み旨の完成も個人の完成から始められたように、小さくて狭い所で、いくらにもならない人員をもって世界を動かすというのは、それほど容易ではありませんが、狭い所にいる時がいいんですよ。どうしてかといえば、大きく発展し得るこれからの希望を、いくらでも大きく持つことができるからです。すべてが良いというよりも、今の現実のこの立場のほうが、皆さんがこよなく天を思慕し、天にすがるということにおいて、誰にも劣らない生活ができ、一日一日が信仰の手本になるものと信じています。

この世の新聞社に行ってみたことはありませんが、新聞社といえば、一般にたばこの吸い殻とか紙くずが捨てられていて、非常に汚いという印象があります。記者たちは、好き放題で整頓されていない、そのような生活をしており、気の向くままに、よく整えられていない生活をしていると思いますが、私たちのグループの新聞社はお父様が強調しておられるため、とてもきれいですよ。特に、「ワシントン・タイムズ」に行かれた方がいるかもしれませんが、外部の人たちをたくさん雇っているにもかかわらず、食口(シック)たちが中心になってきれいにしているので、ワシントン・タイムズ社に入れば何となく聖(きよ)さを感じて、(外部の人も)我知らずたばこを減らすようになります。仕事をする間はできるだけたばこも吸わずに、一つ一つ生活からきれいに整頓していくのを見ることができますが、ここに来てみると、整頓がちょっとうまくいってないようですね。もちろん、場所が狭いという理由もあるでしょうが、整理整頓をよくして、もう少し環境を美化するように神経を遣ってくだされればありがたいです。

もっと長くお話しすればよいのですが、皆さんの業務に支障があるようなので、このくらいに致します。この新聞社「世界日報」が、いわば天の真の愛のペンをもって、国家と世界の人々を先導するために先頭に立って、大きな仕事をしてくださいますように。そのような覚悟を固くしてくださることを願いながら、簡単ですが挨拶に代えます。「ミンナ　ゲンキデ　ガンバレ！」（日本語で激励される）。

11　日本のCARPは世界の宝

一九八六年五月十四日
日本・東京

＊日本の「世界平和教授アカデミー」事務局を訪問した際に語られたみ言

これまで日本のCARP（大学原理研究会）ではこのような経験をたくさんしたでしょうが、きのう韓国において、左翼学生が約千二百名集まった中で、討論（闘争）をして、左翼学生の鼻をぺちゃんこにしたそうです。それで、大学において新しいブームを起こしているということです。日本のCARPが大変良い手本を見せてくれたので、韓国の大学側においても、今そういう動きが始まり、彼らの方向を提示して導いていているそうです。

ここに集まっている人たちはみな責任者ですから、三十代、四十代になるでしょう？（「はい、そうです」）。働き盛りですね。お父様は四十歳のとき、家庭を持ち、偉大なことを計画して、出発されたのです。皆さんの今の年齢が、一生において黄金期です。お父様が出発されるときは、全部が反対しました。教会であっても、国民であっても、キリスト教界であっても、反対しなかった層がないのです。底の底から出発して、世界的基盤をつくってきたのですが、その昔のことが思い出されます。私に出会って結婚を約束なさるその時にも、今は他界した劉孝元（ユヒョウォン）協会長が教会の複雑な法的問題を処理するために、行ったり来たりしていたことが思い出されます。周囲の環境も十分に整っていない立場において、このような大きな摂理を前にして出発されるときのその心情がいかばかりであったか。皆さん、もう一度考えてみてください。過ぎ去った日々を……。

今年の目標は「天国創建」ではありませんか。それは既に私たちが環境的に成就し得るということです。皆さんはそのような時代的な恵沢を受けています。そして皆さんの年齢からしても、人をうらやまなくてもいいほどの経験をするだけしました。お父様が自ら手本を見せてくださったとおりに行えば、天国創建をするにおいて日本が、また日本のＣＡＲＰ活動が最も先頭に立って実践し、行動しながら、成し遂げていけるのです。

大学原理研究会と「世界平和教授アカデミー」は私たち統一運動の宝であると言われますが、本当に、天国創建をするに当たっての中心、核心的役割を果たしてくれることを願います。日本だけの宝ではなく、世界的な宝となれるように皆さんが先頭に立って、頑張ってくださることをお願いします。

12　アジアと世界を救う真の愛運動

一九九一年九月十七日
日本・千葉

＊第一回「アジア平和女性連合」の東京大会で講演されたみ言。真のお母様は顧問として迎えられた。

尊敬する大会委員長、「アジア平和女性連合」の会員の皆様、御来賓の皆様、そして日本全国各地から集まってこられた女性指導者の皆様。今日の歴史的な大変化のただ中にあって、これまでわずか五年足らずの間に、「アジア平和女性連合」がこれほどの成長を遂げ、かくも立派な大会を開催することになり、衷心よりお祝いを申し上げます。

皆様の国、日本は、終戦の廃墟の中から立ち上がり、「現代の奇跡」と呼ばれるほどに、わずか四十年で世界一の経済大国を建設し、世界の人々の羨望の的となっています。さらに幸いに思うのは、このような驚くべき産業発展を遂げながらも、日本は東洋に受け継がれてきた伝統的価値を失うまいと努めながら、家庭と社会教育の問題に多大な関心と努力を傾けてきたことです。このような立派な成功の背後には、誰よりも女性の皆様が、細やかで犠牲的な母として、また献身的な主婦として、家庭を健全に育て守ってこられたことが、その大きな基礎となっていることを、私もやはり女性の一人として、誇りに感じています。

「アジア平和女性連合」の指導者の皆様。世界は今、歴史的な大転換期を迎えております。一九一七年のロシア革命以来、七十年近くにわたって、世界の半分以上を席巻（せっけん）しながら数億人もの人々の血を流し、全人類を恐怖と戦慄のるつぼに追い込んできた共産主義の宗主国ソ連が、ついにその赤い旗を降ろし、歴史の彼方へと消え去ることになりました。

これは取りも直さず、神様を否定する無神論の世界観が敗北したことを意味し、葛藤と闘争と憎悪の哲学が、その限界を露呈し、共産党による一党独裁体制がその破滅を宣言したものです。しかし、このような共産主義の滅亡は、私たちに一つの重要な事実を悟らせてくれます。それはすなわち、共産主義の滅亡は、決して自由民主世界の勝利を意味してはいないという点です。経済的平等を主張して出発した共産主義が、かえって経済的な破綻によってその終焉（しゅうえん）を告げたように、自由の理想を唱えて立ち上がった自由民主世界もまた、その自由というものの陰で、性道徳の紊乱（びんらん）や暴力、麻薬中毒など、激しい価値観の混乱による社会的破綻を迎えているのです。

戦後四十数年にわたる冷戦時代は、結局のところ、勝者なく、左右双方が敗者となったゲームとして幕を下ろすことになったのです。今こそ共産主義世界だけでなく、自由民主世界も新たに救済されるべき時であることを悟らせてくれているのです。

このように、西洋を出発地とした資本主義と共産主義は、いずれもそれ自体が物質的価値に基礎を置いているため、精神と肉体を兼ね備えている人間の真の欲望を満たすことができず、その限界があらわにならざるを得なかったのです。そのため、今日の世界においては、精神的価値を強調してきた東洋社会の中心的役割が、絶対的に必要な時代になりました。歴史的にも、アジア大陸は世界の精神文明の産室となってきましたが、ついに今や東洋が精神的な主体として、世界史的使命を果たす時が来ているのです。今の時代が「アジア太平洋時代」と呼ばれるのもその意味であり、これは実に、「もう一つの歴史的大転換期」と呼ばれるようになるのです。

　尊敬する女性指導者の皆様。過去半世紀にわたり、日本が産業を発展させ、経済的に豊かになりながらも、日本社会がその歴史的価値を立派に守ることができたのは、女性たちが自発的に、献身的、犠牲的に家庭を守ってきたからであると私は思っております。事実、歴史的価値の中で最も重要なものは、家庭を中心とした価値観であると思います。

　昔のことわざに「家和万事成（いえわしてばんじなる）」という言葉があります。これはすなわち、家庭こそが平和の根本であるという意味です。そして、このような家庭を築く上で最も重要な要素が真の愛です。真の愛とは、愛の中でも神様を中心とした絶対愛のことをいいます。すなわち、愛せないものまでも愛するのが真の愛なので、真の愛によれば怨讐（おんしゅう）までも愛さざるを得なくなるのです。さらに相手のために生命までも捧げる犠牲的な愛が真の愛です。そのため、真の愛のもとでは、個人はもちろん、社会や国家間の対立や葛藤さえも完全に超越し、溶かされて、真の平和が成就するのです。

　この真の愛は、創造と繁殖と発展の原動力となります。つまり、すべてのものは投入すれば消耗し、終わってしまいますが、真の愛は投入すればするほど大きくなり、さらに増加して返ってくるのです。そのため、このような真の愛の中でのみ「永生」という言葉が可能となり、真の愛を実践する家庭と社会は永遠に滅びることなく発展するのです。

このような点から見ますと、私の夫である文鮮明牧師が教えてきた「ために生きる」という言葉は、平和な世界を建設する基本的な指針となるものです。このような真の愛の起源は、神様にあります。そして神様は、このような真の愛を実現するために人間を創造されたのです。

神様は、人間を創造されるとき、なぜ男性と女性が互いに相対となるようにつくられたのでしょうか。それは真の愛ゆえに、そのようにされたのです。真の愛の中で、夫は妻と、妻は夫と愛を分かち合うようにするためにです。夫と妻がこのように互いに横的な愛を分かち合うことによって、夫と妻の根源であられる神様の愛を所有するようになるのです。

すなわち、横的な男性と女性の愛によって、人間は縦的な神様と愛で結ばれるようになるのです。言い換えると男性と女性が結婚するのは、真の愛を中心に互いの世界を横的に占有するためであり、縦的には神様の愛を占有するためなのです。真の愛には相続権があるので、創造主と被造物が自分の所有となります。人間の欲望は、ここにおいて達成されるのです。

このような点から、女性は男性がいなければ神様の愛と出会うことができず、男性は女性がいなければ神様の愛を所有できないのです。そのため、男性と女性は、神様の愛を所有するという立場において、互いに平等な価値を持つことになり、一体になった夫婦が神様の真の愛のパートナーになると同時に、創造主と人間は、真の愛を中心として平等の価値を持つようになるのです。

このようにして、神様によって最初につくられた男性と女性が真の愛を成就すれば、彼らは真の父母となり、神様の愛を実現する始発点となるはずでした。しかし、不幸にも人類は、神様の代身として真の愛の実体となるべき真の父母を失ってしまったので、このような真の父母の理想を再び回復し、真の愛を中心とした真の家庭と社会、国家、世界を実現する起源をつくらなければならなくなったのです。

ですから、これからの世界は、単に地理的に近くなる地球村時代ではなく、真の愛を中心としてつながる地球家族時代を迎えなければならないのです。文鮮明（ムンソンミョン）牧師は、この真の愛の絶対的な道を知るがゆえに、数多くの迫害と苦難を受けながらも、自分のためではなく、神様と人類のために生きてきたのであり、その結果、今日のこの世界的な統一教会の基盤を築いたのです。

のみならず、このように世界的な仕事をしてきた文牧師の妻として、私自身も、この真の愛を中心とした勝利の縁があるので、夫の痛みを骨身に深く刻みつつ家族全体と分かち合うことができたのであり、いかなる困難にぶつかったとしても、孤独な立場である夫のことを思いながら、表情に出さず、笑顔を失わないように努力してきたのです。

そのようにして、女性としての真の幸福を、父母の愛、夫婦の愛、子女の愛の中に見いだそうと、ために生きる生活を続けているうちに、自然と私の生涯の目標が、真の愛を中心として、きょうはきのう以上にために生きて感謝し、また、あすはきょう以上にために生きて感謝しながら、一層努力する人生になったのです。また私が今日、十四人の子女の母親として、その役割をうまく果たし得たのも、やはりこのような真の愛を中心として私の家庭が一つになれたからだと思います。どの家庭でも神様が臨在されれば、父母も子女もみな、神様の愛と生命と希望を共に分かち合うことができるからです。

尊敬する「アジア平和女性連合」の指導者の皆様。来(きた)る二〇〇〇年代は、米ソ両国の対立時代でも、多国による混乱の時代でもなく、神様の真の愛を中心とした神様の世界にならなければなりません。経済力や軍事力による世界支配の論理が存在していた弱肉強食の時代は過ぎ去り、今や神様の真の愛を教える「神主義」に基づいて、東と西、南と北、そしてすべての文化と人種と思想が一つに溶け合い、一つの世界をつくらなければなりません。

「神主義」は今、アジアから出発して、アジア太平洋文明圏を建設しなければなりません。「神主義」を中心としたアジアは、これ以上の反目や葛藤、闘争があってはなりません。自分のためよりも、全体のために生きようとする真の愛の実践によって、アジア人自らが世界平和を成就する見本を示さなければなりません。

世界から富の祝福を受けた日本の行くべき道は、今や世界のために生きる「真の愛の精神」を土台として、世界の痛みを自分の痛みとし、世界の問題を自分の問題として、世界のために犠牲となり、奉仕することによって、世界平和建設の主役にならなければなりません。

既に文鮮明牧師は、今年の八月二十七日と二十八日に、韓国のソウルで「世界平和宗教連合」と「世界平和連合」を結成しました。地球上の諸宗教は、唯一の神様を中心として全人類を結集させ、真の愛をもって結束させる使命を持っているにもかかわらず、歴史の流れとともに数百、数千に分かれてしまい、かえって宗教相互間の葛藤や闘争はおろか、真の神様を指向する人類の信仰の道までも、混乱に陥れてきたのが現実です。

宗教の名のもとに無実の人々を罪ある者と決めつけ、神様の名を借りて血を流す戦争を数多く経験してきた歴史的事実を直視したとき、このような宗教が一つにならなければ、人類の心の世界は一つになれないばかりか、地上の平和世界は、はるか遠くに追いやられてしまうしかありません。このような点から見て、今年、世界の宗教が連合する機構が結成されたことは、まさに歴史的な壮挙と言わざるを得ません。

また過去、第一次世界大戦時には国際連盟、第二次世界大戦時には国際連合が、それぞれ戦後の問題を解決するために設立されましたが、今日、第三次世界大戦と言える、過去四十数年間の冷戦時代が残してきた数多くの深刻な問題を解決するには、全く力不足であるというのが実情です。

人種や文化の葛藤の解決、貧富の格差の解消や自然保護、そして真の倫理的価値観の確立などが、現代の人類が世界的次元で新たに取り組んでいかなければならない課題です。このような観点から、「世界平和連合」という新しい国際機構が、真の愛と「神主義」という新しい理念を中心として設立されたことは、実に時宜にかなったことだと言わざるを得ません。

さらに一歩進んで、人間の心と体を代表するこの「世界平和宗教連合」と「世界平和連合」が共に、世界平和という共通の目標に向かって一致した方向を取り、互いに協力し合える相互基盤が築かれたという事実は、既に世界平和の建設が目前に迫っていることを示すものです。文鮮明（ムンソンミョン）牧師は、世界平和のための重要な環境的条件を、既に準備したのです。

尊敬する日本の女性代表の皆様。これから皆様がアジアと世界のために与えようとする真の愛の実践者となるならば、きょうのこの歴史的な大転換の時点は、日本はもちろんのこと、アジアが世界へと飛躍できる重要な出発点となるでしょう。

皆様がアジアの母、世界の母として生活舞台の幅を広げ、次元を高めて、新しいアジア、新しい世界建設の先頭に立ってくださることを切に願うものです。これこそが、誰も避けることのできない、歴史が今日の私たちに与えた宿命的課題なのです。

アジアが神様の真の愛を中心として正しく立つとき、アジアの未来は無限に明るくなります。さらに、この世界に永遠の平和の秩序が定着する希望の未来が約束されるのです。新しいアジアの平和と世界の未来のために、より一層の努力をしてくださることを切にお願いいたします。ありがとうございました。

13　エバの使命

一九九一年九月十八日
日本・千葉

＊日本統一教会全国信徒大会で日本食口(シック)に向けて講演されたみ言(ことば)

日本食口の皆さんへ

愛する日本食口の皆さん。その間、真の父母にどんなに会いたかったことでしょう。きょうの集いが私と共に、真のお父様を日本に迎え入れられる動機となれば幸いに思います。

愛する日本食口の皆さん。神様と真の父母の祝福が、皆さんの家庭に満ちあふれることを願います。きょう、この場に集まった私たちはみな、真の父母に侍(はべ)る神様の息子・娘たちです。創造理想世界を復帰されようとする神様の召命を受けた統一の勇士であり、摂理の開拓者、歴史の先駆者たちでありす。同時に私たちは、神様の真の愛、真の生命、真の血統によって新生された祝福家庭として、長子権・父母権・王権復帰時代の主役である氏族的メシヤの位置に立っている者たちです。

神様は今日まで、私たちを見いだすために六千年の長い復帰摂理歴史を経綸(けいりん)してこられました。真の愛の家庭を地上に定着させるために、人間としては形容することのできない苦難の道を歩まれ、サタンの嘲笑を受けながらも耐え抜いて、待ちに待ってこられたのです。アダム家庭、ノア家庭、アブラハム家庭、モーセ家庭を通して、真の愛、真の生命、真の血統を探し求めましたが、人間の不信と無知によって条件だけを立てながら、二千年前、イエス様を通して、長子権と世界的王権を探そうとされたのです。

しかし、イエス様は十字架にかかりました。神様は血の涙を流しながら、再臨の日まで摂理を延長するしかありませんでした。神様は二千年間、キリスト教を新婦の立場に立てて、再び来られる新郎を待ち望むようにし、歴史を継続しなければなりませんでした。その間、神様の恨(ハン)と悲しみをどうして言葉で表現することができるでしょうか。神様の恨を晴らすため、お父様が歩まれた蕩減(とうげん)復帰の道を見ると、摂理の内的な事情がどれほど切迫していたかということを知ることができます。また、私たちはお父様のみ言を通して、神様の心情を体恤(たいじゅつ)することができ、復帰摂理の深い意味を理解することができるのです。

お父様は再臨主として来られました。神様の真の愛を完成させる宇宙的な新郎として来られました。神様の真の愛、真の生命、真の血統を永遠に立てるために、真の父母として来られたのです。神様が真の愛の縦的な父母であれば、真の父母は真の愛の横的な父母です。そこで、お父様は真の愛を地上に広く横的に展開させるために、祝福の役事を行われるのです。

ここに集まった皆さんは、お父様によってその真の愛に同参し、祝福を受けた人、または祝福を準備する人たちです。祝福の価値は貴重で、しかも永遠です。世の中で億兆万の金をもらったとしても、取り替えることのできないものが祝福であり、神様の真の愛です。一言で言えば、祝福家庭は六千年の復帰摂理歴史の結実体なのです。

それゆえ、きょう、ここに祝福家庭が集まったということ自体が歴史的であり、天宙的な意味を持っています。これからの日本の歴史において、最も大きな出来事として記録されるでしょう。日本の後孫がこの日を永遠に記念することでしょう。

神様の永遠なる祝福を受けた皆さん、また、これから祝福を受けるであろう皆さん。特に壮婦の皆さん。皆さんは成約時代の世界史を改造する力と、何事をも成し得る潜在力を持っております。霊的な力を持っております。特に皆さんはエバ国家として祝福を受けた、成約時代の役軍（えきぐん）（担い手）です。

お父様も、エバ国家として日本の重要性を何度も強調されました。復帰摂理においてはエバが先頭に立たなければならないと、おっしゃいました。祝福家庭、とりわけ女性の使命が重要であると、幾度も強調されました。

私は母として、この点を考えてみました。お父様が日本の責任者を集めて語られるのを側で見守りながら、多くのことを考えました。お父様が日本の食口（シック）たちにエバの使命を強調されるたびに、私は日本の食口たちが非常に近く感じられました。なぜなら、私もエバであるからです。再臨主が新郎であれば、エバは新婦です。そして元来、新婦としてのエバの使命は、キリスト教が受け持たなければなりませんでした。ランプを持って、新郎が来ることを待つ新婦がすなわち、キリスト教でありました。

キリスト教がすべてのものをみな準備して、お父様を迎え入れたならば、お父様は蕩滅(とうげん)の道を行く必要がありませんでした。しかし、キリスト教はお父様に反対しました。新婦が新郎を裏切ったのです。それで、お父様は悲しいのです。何の基盤もなく、一人で四十年の世界的荒野路程を行かなければなりませんでした。お父様は再び基盤を探さなければなりません。そうして、キリスト教の代わりに探し立てたのが「世界基督(キリスト)教統一神霊協会」であり、その中でもエバ国家として選ばれた日本の食口たちです。日本の祝福家庭の数が韓国の祝福家庭より多いのも、お父様が日本をエバ国家、すなわち新婦の国家として祝福されたからです。

このような意味から、摂理的アダム国家である韓国とエバ国である日本は、一つにならなければならない宿命的な関係があります。韓日間の国際祝福の摂理は、まさにこの二つの国を結ぶ摂理的な橋渡しであることを、皆さんはよく知っているでしょう。また、日本国内にいる韓国の同胞たちもアダム国家の復帰、すなわち南北統一に重要な役割をするようになるということを覚えておいてください。

エバの使命

皆さん、エバの使命は何でしょうか。エバは、新婦であると共に娘と母親の立場も持っています。したがって、エバには新婦の使命、娘の使命、母の使命があります。

第一に、新婦としてのエバの使命は、新郎をよく迎えることにあります。新婦の心と体が新郎と一つにならなければなりません。そうすれば、新婦は新郎の愛を独占することができるのです。新婦は結局、新郎の最も重要な愛を占めるようになるのです。

日本の責任者を指導される時のお父様は、非常に厳しく、譲歩がありません。しかし、お部屋に戻られ祈祷する時には、日本の食口(シック)たちの困難な事情を考えて、涙を流されます。

日本の摂理に責任を持った責任者の名を一人一人呼ばわりながら、涙で祈祷され、日本食口たちのために全身全霊をもって精誠を込めておられます。私はそのようなお父様を見るたびに、ああ、お父様は本当に日本の食口たちを愛され、心配されているのだと思うようになりました。

お父様は皆さんの事情をすべてご存じです。まだ家庭を持つことができずに、前線で苦労する祝福家庭の苦難と苦悶(くもん)がどのようなものであるかを、よく知っておられます。きょう、私をこの場に送りながらも、激励の言葉を下さいました。

皆さん、勇気を持ってください。お父様は皆さんを愛され、今も皆さんのために祈っておられます。

第二に、エバには娘の使命があります。娘は父母の事情を誰よりもよく知って、父母を慰労するように楽しく侍(はべ)らなければなりません。

私には十四人の子女がいますので、誰よりも娘と息子の差を知っています。息子たちは外に出掛けることを好み、父母の事情を深く理解していますが、細かい部分までは神経を遣えません。しかし、譽進(イェヂン)と仁進(インヂン)、恩進(ウンヂン)をはじめとした娘たちは、父母を喜ばせ、細かい部分まで神経を配ってくれます。この世でも、娘がいない父母はおもしろみがなく、寂しいと言っています。娘はお嫁に行っても、常に里の父母に対して心配をします。食事はきちんとしているのか、痛むところはないか、何を心配しているのか、父母の事情を誰よりも心配するのです。

皆さんは神様の世界的な娘です。真の父母の愛を受けた娘たちです。神様が何を好み、どのような苦悶を持っておられるかを考えてみましたか。また、真の父母がどのような食べ物を好み、趣味が何であり、また毎日毎日の生活には不便がないかなどを知っていますか。

娘は父母にいつも喜びと慰めを与える対象実体であり、父母が疲れて休んでいる時も、明朗な娘たちがその疲労を忘れさせてくれます。日本の食口は神様と真の父母の前に、このような慰労と喜びの対象として立つことのできる代表であることを、忘れないでください。

第三には、エバには母親としての使命があります。母は子女のためにいかなる犠牲をも甘受します。皆さんの中で子女を出産したことのある人は分かると思いますが、自分の子女でなければ、誰がその産みの苦痛を担当しますか。したがって、母の愛は犠牲です。

父のために、子女のために、すべてを犠牲にするのが母の愛です。そして、母は家庭生活の責任を持っています。子女教育と父親の健康に責任を持たなければなりません。母親の愛によって、家庭の和睦（交わり）は左右されるのです。そして、復帰摂理において、母親の役割がどれほど重要であるかは、改めて強調する必要がありません。ヤコブ路程はその代表的な教訓です。ヤコブが長子権を復帰できたのも、ヤコブの母が協助したゆえなのです。

母である私と事情が通じ、また、私と志を共にするエバ国家、日本食口の皆さん。皆さんはアジアを超えて国家的、世界的次元の母です。皆さんは、世界人類のために犠牲にならなければならない宿命的立場にあります。

戦争、犯罪、飢餓、疾病にあえいでいる人類を救わなければならない責任が、皆さんにあります。それで、皆さんの血と汗を流した結実が、お父様によって全人類のために使われているのです。また皆さんは世界人類の前に、見本とならなければなりません。エバ国家としての日本には、世界人類を顧みる責務があります。日本出身の宣教師たちが全世界において、統一教会の世界宣教の大部分を担当していることも偶然ではありません。

日本食口（シック）の皆さん、特に女性食口の皆さん。皆さんの手にみ旨成就のいかんがかかっています。今、人類は徐々に、唯一なる神様のもとに、一つの家族となっていきつつあります。ここにおいて、母親の役割がなければなりません。母親の犠牲的な愛が必要なのです。そうすることによって、親密になれるのです。地上天国の建設が可能になるのです。

きょう、私たちがこの場に集まったことも、まさにこのようなみ旨を成すためなのです。エバ国家として神様と真の父母の前に、新婦の使命と娘の使命、そして母親の使命を果たすために手を取り合って、心情をつなげ、厳粛に新しい出発を誓いましょう。

世界統一教会女性連合

そしてきょう、私たちはもう一つの神様の摂理のために、席を同じくしました。神様の愛を裏切ったエバのすべてを歴史的に総蕩滅（とうげん）し、復帰されたエバとして新しい出発の旗を高く掲げようとするものです。「世界統一教会女性連合」を結成することによって、復帰摂理を新しい次元へと発展させようとして、この場に参席したのであります。

これから、私たちが成すべき使命についてお話しします。そのためには、今が摂理的にいかなる時であるかを、まず理解しなければなりません。

皆さんもご存じのように、お父様は去る七月一日、韓国で「神様祝福永遠宣布式」を行い、今が新しい時代であることを宣布されました。そして八月二十七日、韓国のソウルで「世界平和宗教連合」、八月二十八日には「世界平和連合」を創設され、世界平和のためのもろもろの基盤を構築して、地上天国建設に拍車をかけられました。

今は真の父母を中心として民主と共産が統一される時です。昨年のモスクワ大会以後、共産圏は解放され、このたび「世界平和連合」が創設されて、民主世界と共産世界は一つになっているのです。東欧圏とソ連の二世四千名余りが「原理」の修練を受けるようになったことは、「神主義」の決定的な大勝利を意味します。

そして、今は真の父母を中心としてすべての宗教が統一される時です。キリスト教と怨讐(おんしゅう)の間柄であったイスラームの指導者たちが、「統一原理」を聞いて大きな感銘を受け、「世界平和宗教連合」に積極的に参加するようになったことは、まさに驚くべきことです。今や宗教間の葛藤、教派間の闘いは終わりました。

すべての経典を統合した『世界経典』がお父様に奉献され、すべての教理論争に終止符を打ったのです。そのような意味で、お父様は韓国で連合教会をつくり、宗教統一の新しいページを開いておられます。

ところで、このような「世界平和宗教連合」と「世界平和連合」は、内的に長子権復帰・父母権復帰・王権復帰と連結されています。お父様は昨年のモスクワ大会を通して、世界的な長子権復帰を完成させ、「七・一節」を通してこれを宣布されました。そのため、これから家庭、民族、国家、世界的次元ですべてのカイン圏がだんだん崩れていくでしょう。

今まで長子権を復帰できなかったので、宗教圏と非宗教圏に分かれ、天国と地獄が生じたのです。そして、霊界が人間世界を利用してきました。しかし、これからサタン勢力の追従者たちが権限を勝手に行使することはできません。

皆さん、今、自信を持ってください。世の中の悪なる権力者たちは私たちの前にひざまずくでしょう。霊界も私たちの命令の前に身動きできず、サタンの追従者たちも近寄ることができません。

そして、お父様は長子権復帰を父母権復帰へと連結させるために、還故郷を強調していらっしゃいます。もともと家庭で長子権、父母権を喪失したので、これを取り戻そうとすれば皆さんの故郷に帰って、自分の氏族を中心として復帰の基盤を固めなければなりません。

それでお父様は、十年前から家庭教会を強調されたのです。特に全祝福家庭に氏族メシヤを申請するようにし、その氏族メシヤの資格を与えることによって、父母権復帰の基盤を構築されたのです。

イエス様もメシヤとして来られましたが、自分の氏族の前にメシヤとなることができませんでした。

ところが皆さんは真の父母の勝利的基台の上で、氏族メシヤという驚くべき祝福を受けたのであります。私たちはみな、本当にお父様に感謝しなければなりません。

氏族メシヤの位置に立っている祝福家庭の皆さん、そして食口の皆さん。今私たちの前に残されたものは、王権復帰を通じた地上・天上天国を建設する課題です。「世界平和連合」と「世界平和宗教連合」の土台の上で、これから私たちが果たすべき使命は、王権復帰を完成することです。

長子権・父母権・王権復帰

きょう、私たちがこの場に集まった本当の意味は、王権復帰を通じた地上・天上天国を建設するためです。今こそ私たちエバの使命が重要であるので、「世界統一教会女性連合」を結成して、新しい決意を誓おうとするものです。

旧約聖書に現れた偉大な女性の一人に、イスラエル選民の後裔としてペルシャ王朝の王妃となったエステルがいます。彼女はイスラエルの民族を救うために、「わたしがもし死なねばならないのなら、死にます」（エステル四・一六）と言いながら、死を覚悟するほどの壮絶な決意で、王妃の地位と命を懸けて立ちました。彼女は三日間の断食をし、怨讐ハマンの陰謀を粉砕するために勇敢でありました。か細い女性であったエステル王妃一人のゆえに、全イスラエル民族は異邦民族が加える死の危険から逃れました。

きょう私たちは、エステル王妃の「わたしがもし死なねばならないのなら、死にます」という、死を覚悟した勇気と知恵を教訓として、世界的な王権復帰の先頭に立たなければなりません。再臨主の前の新婦の立場にいる私たちの使命を果たさなければなりません。二千年のキリスト教が成し得なかった再臨主を迎えることを、私たちエバがしなければなりません。

かつてタマルは自分の命を懸けて、神様の血統を守るために冒険をしました。イエス様の母マリヤも死を覚悟して、イエス様を身ごもりました。私たちは彼らに決して劣ることはできません。

皆さん、きょう私たちは長子権・父母権・王権復帰時代の主役としての召命を受けたことを、はっきりさせなければなりません。真の愛・真の生命・真の血統を私たちの氏族と後孫に永遠に伝授させなければならない、氏族メシヤであるということをはっきりと自覚しなければなりません。

今、皆さんが展開している氏族教会運動を勝利しましょう。新郎の前に祭物となった立場で、心も体もみな捧げる新婦のように、神様と真の父母の前に正しく立ちましょう。私は皆さんが今の試練を克服し、必ず勝利することを確信します。

そしてさらに、還故郷時代に氏族メシヤの使命を完成しましょう。特に皆さんの故郷の氏族をして、真の父母の写真に侍る(はべ)ことに勝利できたとき、皆さんの父母権復帰は成されたことになるのです。真の父母がいるところには、いかなるサタンも現れません。韓国でも真の父母の写真に侍る活動に成功した人たちは、驚くべき神様の祝福と恵みを受けています。

最後に、この世を恐れないようにしましょう。カイン圏は崩壊していきます。サタンの勢力は後退しています。歴史上のいかなる女性たちよりも、新婦として、娘として、母として、堂々と立ちましょう。

「七・一節」が宣布された以後は天運によってすべてのものが、私たちが考えるより早く整理され、お父様は完全に勝利されるでしょう。手に手を携え祈祷しながら、心情と心情を結び活動すれば、勝利が私たちに与えられることは、あまりにも明らかです。

母親として皆さんの事情を誰よりもよく知っている私は、皆さんを休ませたいのですが、神様のみ旨とお父様が苦労なさる姿を見れば、そうすることができないことで心が痛みます。皆さんが住んでいる家を訪問して、皆さんの事情を共に分かち合い、皆さんの子女が成長する姿も見たいのが私の本心であることを伝えたいのです。祝福家庭の子女たちは神様の希望です。

どうか勇気を失わず、強く大胆になって前進いたしましょう。お父様と私は、皆さんと、皆さんの後孫のため、たゆまず祈るでしょう。神様の祝福が皆さんの家庭と氏族に永遠にあるようにお祈りいたします。ありがとうございます。

14　神様の神秘な摂理

一九九一年九月二十三日
日本・北海道

＊北海道の食口(シック)たちに語られたみ言(ことば)

皆さん、父母様にとても会いたかったでしょう？　私が誰か分かりますか。先ほど廊下を過ぎてきた時、祝福家庭の四、五歳くらいの子供たちに会ったのですが、その子供たちが、「オモニ（お母さん）は、お写真で見るお母様とは違いますね」と言っていました。眼鏡を掛けていたので、違ったように見えたのでしょう。なぜ眼鏡を掛けてきたのかというと、あの後ろに座っている皆さんの顔までも、はっきりと見ることができるようになるためです。

きのうは聖日でしたので、皆さんは敬礼式を行い、み言の奉読も行ったことと思います。ところで、なぜ私が今回、巡回の日程にない北海道に来たかったのかを考えてみました。

日本といえば、世界的に経済の一等国であると理解していますが、私が今回巡回する所は、東京、名古屋、福岡等、主に大都市で、みな名の知られた所です。それで、人々の関心があまり向かない所、それに、最も北のほうへ私は行ってみたいと思ったのです。北側は最も天に近いし、それから気持ちとして、神様とも近いような気がしたのです。

ここ北海道に来て、山や川を見て、少し疎外された地域だという感じがしなかったわけではないのですが、山河もきれいだし、また皆さんの顔を見ると、みな若いですね。それに、とても元気旺盛で勇ましく、意気衝天している皆さんの顔を見て、私は満足しています。

きのう、こちら北海道に来て、二つのことを学びました。一つは、きのう、昭和新山の火山の噴火口へ行ってみたのですが、不思議なことに、その噴火が一九四三年に始まったというのです。私と年を同じくしているのです。それから、もう一つは、アイヌ民族の村を訪ねたのですが、アイヌ族は日本の原住民ですから、日本の開拓が、他の人々によってなされたということを学んだのです。

きのう、「お母様、どうか食口たちのためにみ言を下さい」と依頼されたので、どんな話をしてあげたらいいのだろうかと考えてみました。

私たちは、お父様から数多くのみ言を学んできました。そして、皆さんが熱心にそのみ言を実現し、実践しようと努力していることも、私は知っています。

皆さんが最も知りたいと思っていることは、どのようにしてお母様が、今のお母様になったのかということではないかと思います。皆さん、知りたいですか。多くの内容のうち、時間の関係上、一部だけを話してみたいと思います。特にタイトルを付けるとすれば、「神様の神秘な摂理」となります。先ほど皆さんに、私の生まれた年を言ったのですが、私は当時、私がなぜ生まれたのか、将来、いかなる使命を持つようになるかを、もちろん知らないまま生まれました。

現在、韓国のキリスト教（プロテスタント）の歴史は、百年を少し超えるのですが、我が家はキリスト教の家門だったのです。キリスト教信者たちの中でも、篤実な信仰を持とうと努力する、そのような家庭でした。特に再臨主は、雲に乗って降りてこられるというより、肉体を持って、人間として地上に来られるという内容を信じていました。

韓国はとても珍しい国だといえます。韓国は、どんな宗教の発祥地でもなかったのですが、すべての宗教が韓国で花咲き、実を結ぶ結果となったのです。キリスト教の前は儒教で、儒教の前は仏教でしたが、すべての宗教が韓国で、大変旺盛になったのです。そして、実を結んだすべての宗教を統合し、再び、新しく大きく実を結んだのが統一教会なのです。

神様は天地を創造され、六日間にわたって万物まですべて創造して、それから最後に人間を創造してから、「良かった」と語られました。

神様が韓国にみ旨を立てて、アダムを送ってくださり、今やアダムを通じてエバを探し出すようになる神秘な摂理について、私自身の例を挙げながら、少し私自身の話をしてみたいと思います。

アダムとエバの堕落以後、アダムを立ててエバを復帰するということは、そんなに容易なことではありません。数多くの条件が必要でしょうが、天が特別に備えるべき条件としては、三代が各々、一人娘を持つ家系を何よりもまず選ばざるを得ないということです。この三代というのは、堕落したすべての女性たちを総合する意味があります。おばあさん、婦人、それから女の子というように、すべての女性がみな、この三世代の女性に属する、そのような基準になるのです。

今から、その三代の女性の条件について述べてみたいと思います。皆さんは、復帰摂理において、特にエバ、女性の使命の重要性については、多くのみ言（ことば）を聞いてよく知っていることでしょう。

私が生まれた時は、その当時、天から特別に準備された、名の知られた有名な牧師たちがいたのです。李龍道（イヨンド）、李浩彬（イホビン）牧師、その他の牧師たちがいたと記憶しています。私の母が洪（ホン）氏であり、私の祖母は趙（チョ）氏ですが、二人が、これらの牧師たちと大変近い間柄だったと聞いております。私の母と父が出会うようになったのも、天の啓示によってなされたことなのです。「お前たちが一緒になって、天が貴く用いることのできる子孫を生みなさい」ということで結ばれたのです。それが、二人が出会うようになった動機だと聞いています。洪ハルモニ（おばあさん）の生涯について言えば、啓示によって一生を生きてこられた方だと思います。既に亡くなったのですが、あの方の一生というのは、女性としては完全なる祭物の人生だったと思います。

次に、趙ハルモニについて述べてみたいと思います。当時は、李（イ）氏王朝時代だったのですが、趙ハルモニが誕生された所は、平安北道（ピョンアンブクト）の定州（チョンヂュ）でした。お父様の御聖誕地は上思里（サンサリ）でしたが、祖母の生まれた所はそこから少し離れたウィケンメという村です。その言葉は発音がおかしくて、私が「そんな村の名前があったのですか」と聞いたこともあります。そうしたら、それが事実だそうです。先ほども、我が家はキリスト教の家門だと話したのですが、当時のキリスト教の家門の人々は、「先祖崇拝」に対して、「サタンに仕える偶像崇拝である」と言って、先祖に仕えることのできない時代だったのです。それで、私自身も、私の先祖について詳しく知らないのです。

韓国の自然は、文字どおりに山も多く、また川も多くあります。特に平安南（ピョンアンナム）・北道（プクト）は山川がきれいで、水が清いことで有名な所です。

韓国は長い間、中国の属国のようになって、強い影響を受けてきたのです。あの当時、中国からの使臣が韓国を訪問するという知らせがありました。その当時の首都は漢陽（ハニャン）（現在のソウル）だと記憶しています。そこまで行くには、多くの川を渡っていかなければなりませんでした。川といっても、渡る交通手段は渡し船程度で、そのようなもので中国の使臣を迎接するということでは、国の面子（めんつ）を立てることができません。しかし、国家としては経済状況が困難なので、多くの橋を架けられる状況ではなかったようです。そこで、朝廷は次のような公示文を出したのです。中国からの使臣を迎えるために、川に橋を架けられる篤志家を求めている、との内容でした。定州（チョンジュ）の近くに大きな川があったのですが、タルレ江（ガン）という名前の川だと記憶しています。

そこで趙（チョ）ハルモニの先祖の一人、趙漢俊（チョハンジュン）というおじいさんが、自分でその橋を架けると決心して、自分の財産をすべて使って橋を造ったのです。それも、とても立派な石橋だったそうです。お父様も、「その石橋はとても立派にできていたもので、そこには数多くの逸話があった」とおっしゃったのです。長い年月が流れ、山川が変わっていったので、石橋は水に沈んだり、また現れたりしたのですが、そのたびに、国家に大事が起こったと聞きました。

ところで、その趙漢俊おじいさんが橋を架け終わってみると、銅銭がたった三枚しか残っていなかったそうです。その当時の銅銭三枚は、現在の日本円に換算すればいくらになるかよく知りませんが、ドルに換算したらおそらく三ペニー（セント）にしかならないと思います。そこでおじいさんは、「これくらいのお金では何も買えない。でも、自分の姿を見ると、履物がなければならない」と考え、そのお金をもって草鞋を買ったそうです。

いよいよ竣工式が行われることになったのですが、その前夜、眠っていた時のことです。天から神様が現れて、こう言われたそうです。「私が来たのは、お前の精誠が天に染み通ったからだ。お前の子孫を通じて天子を授けようとしたが、銅銭三枚が条件に引っ掛かったので、代わりに王女を授ける」と。それで、あまりにも驚いて目が覚めた趙おじいさんが扉を開けて外を見つめると、野原の中からなんと弥勒菩薩がわき出てきたというのです。それから、その弥勒菩薩が育ち続けたそうです。それで、弥勒菩薩のために家を建てたのですが、それを三回も建て替えたそうです。つまり、弥勒が大きく育って家の天井に届くようになり、それを破ったために、また建てたというのです。そのようなことが三回もあったそうです。伝説のような話でしょう?

その当時は、馬に乗って旅をしていた時代でしたが、乗馬したままで弥勒菩薩の前を通り過ぎることはできなかったそうです。必ず馬から降りて、お辞儀をして通り過ぎなければならないのです。そうしないと、馬の足がぴったりと地面にくっついてしまって、離れなかったそうです。それでみな、弥勒菩薩のあるその家を通り過ぎるのを恐れたということです。

ところが、趙氏門中（一族のこと）に、一つの問題が起こりました。趙氏門中の娘として生まれた女の子たちがすべて弥勒（みろく）に似て、（太っていて）腰がないように見えたのです。成長し、大人になった娘のいる家では、その娘を結婚させなければならないのに、おなかが大きいためによく誤解を受けて、問題になったのです。

そこで、趙（チョ）氏の門中会議を開いたそうです。「我々趙氏門中に生まれる娘たちは、大人になって結婚しなければならない年になっても、みな菩薩（ぼさつ）みたいになって、嫁がせるのに大問題になっている。その原因は、あの菩薩のせいではないか。だから、あの菩薩を削ったら、その問題が解決されるのではないか」といって、満場一致で決定し、弥勒の腹を削り始めたそうです。そうしたら、全く思いがけないことに、そこから血が出たそうです。

それで、みなびっくりして、悔い改めたそうです。そして非常に慌てふためいて、原状どおりに修復しようとしたのですが、どうすることもできなかったそうです。ただ、セメント（ここでは「石灰」の意味）を持ってきて塗っておく程度だったそうです。その後、長い年月がたったので、セメントを塗った部分だけが、風化作用によってすかすか穴が開いている状態になったそうですが、お父様が幼い時、よくそこに遊びにいき、そうなったものを御覧になったそうです。そのことは、その村では皆によく知られた事実だったのですが、その菩薩の名前が、「趙漢俊（チョハンジュン）の弥勒」でした。

現在でも、その弥勒菩薩がその場所にあるかどうかは分かりませんが、いつか南北統一が成されれば、最初にその場所に行って、それを見たいと考えています。私がそこに行って、それを早く見ることができるためには、皆さんの努力も必要ではないかと思いますが、いかがですか。

私がなぜこの話をするかと言いますと、この話から一つの重大な教訓を学ぶことができるからです。多くの人々が天の前に誓いをなし、約束をします。また、皆さんも、父母様の前に多くの約束をしたのです。ところが、いつも天の前に約束した基準以上、一〇〇パーセント以上実践するのは、容易なことではありません。

天は、皆さんが築いて、天に捧げた精誠以上の報いを、いつもしてくださるのですが、私たちが世界を完全に統一する時までは、我々の決心が一〇〇パーセントになれない場合、常に条件が付くようになります。あの趙漢俊おじいさんの例を見ても、自分の一生を懸けて築いた全財産を投入して石橋を架けたのですが、そのごくわずかな銅銭三枚が問題になったのです。今から考えてみると、もしその趙おじいさんが残ったお金で草鞋(わらじ)を買わないで、それをそのまま川に投げてしまっていたら、それがそのまま天の前に一〇〇パーセント精誠を尽くすことになったのではないかとも考えられます。しかし、天はそのおじいさんの真心が分かったので、「お前の苦労は認める。だから娘を授ける」と言って、弥勒を現して見せてくださったのです。それが、今になって考えてみると、結果的にエバの道を開く基になったのではないかと思われます。

時間が足りなくて、話を全部することができないですね。簡単に結論を出すことにしましょう。皆さん、おもしろい話ですか。おもしろく聞いたかもしれませんが、恐ろしい話でもあります。

趙ハルモニと洪(ホン)ハルモニと私、三人が一九四八年に南下しました。その当時の熱烈なキリスト教信者たちはみな、平壌(ピョンヤン)がエデン宮（新しい聖都エルサレム）になると信じていたのです。

その当時、南の韓国に私の叔父に当たる人が一人いましたが、その方が韓国の軍隊に入っていたのです。その方は、いつも外地にいながら勉強し、日本にも留学したのです。それで、祖母が「自分の息子に会いたい」と言っていたので、その叔父に会うために、私たち女性三人がしばらく南を訪ねることにしたのです。それが南下する動機だったのです。

ところが、その後、予想もしなかったことが起こったのです。一九五〇年に韓国動乱が起こり、三十八度線が生じました。それで、とても北に帰ることができないので、南にいることになったのですが、その結果、北にいる家族のうち、多くの人々が残ることになったのです。すなわち時を同じくして、お父様は平壌（ピョンヤン）に上っていかれ、私は南に下ることになったのです。私は（南下した）当時、数えで六歳の少女でした。簡単に終えようと思ったのですが、一言、言い漏らしてはならないことがあります。

天が役事し、エバの使命、言い換えれば、来られるメシヤに完全に仕える準備をする団体が、北には多くあったのです。特に有名な二つの集団があったのですが、それは私の母と祖母が直接関係を持った集団だったので、私もよく知っているのです。それが、金聖道（キムソンド）ハルモニ集団（聖主（ソンジュ）教団）と許浩彬（ホホビン）（孝彬）ハルモニ集団（腹中（ボクチュン）教）という、二つの女性の集団です。この二つの集団と、私の母と祖母が直接関係を持って、その中心メンバーとして大変熱心に仕事をしていたと理解しています。特に、許浩彬集団にあって、そのように一生懸命に活動したのです。その時から、主に侍る（はべる）準備をしていたのです。

ところがその時、許浩彬集団が、「社会を撹乱（かくらん）させる団体」ということで、共産党によって迫害を受け、許浩彬さんが牢屋（ろうや）に入れられました。その時、お父様も「社会を混乱させる人物である」という同じ罪状で、同じ牢屋に入れられたのです。そこでお父様は手紙を書いて、密かに許浩彬さんに送ったのです。「すべてのことを否定し、どんなことを言ってもいいから、何とかして牢屋から出なさい」という内容でした。しかしそれが見つかり、お父様は看守長によってひどく殴られ、その時、お父様の歯が割れたのです。

　許浩彬さんが牢屋に入ってからは、彼女の母親が代わりに啓示を受けながら、役事を継承しました。その時、私は六歳の少女だったのですが、今も思い出します。そのおばあさんが白い着物を着て私を呼び、屋根裏部屋のような所に連れていって、私に祝福の祈祷をしてくれたのです。

　その時は、それが何の役事なのか、よく分からなかったのですが、今になって考えてみると、趙漢俊（チョハンヂュン）おじいさんが天の前に精誠を尽くした基準と、それに加えて、復帰摂理歴史において、エバの使命を背負って人知れず天の啓示を受け、準備してきた人たちの苦労が積もって、私も知らない間に天が役事されたのではないかと思います。そのように、私を立てて祝福した基準があって、現在の私になったと思われます。皆さんも知っているとおり、お父様と私は年齢の差も大きいでしょう？　会わなければならない、会わざるを得ないような、天の神秘な摂理があって、絶対に無視することのできないこの座に立っているのではないかと考えるのです。

　きょうの話の中で、皆さんが特に覚えてほしい内容は、三枚の銅銭を惜しむような条件に引っ掛からない、一〇〇パーセントの信仰を常に維持し得る基準を持って、すべてのことに臨んでくれることです。それを願って、このような例を挙げたのです。

最後に、歌を一曲歌って出発したいと思います。（韓国語の「愛の迷路」と、アンコールソング「しあわせってなんだろう」を歌われる）。

私の考えでは、果物のうち、りんごだけがあらゆる味を含んでいるように思います。その味に加えて、父母様の愛を込めて皆さんに差し上げますから、おいしく食べてください。きのうはりんご園に行って、収穫の仕事を熱心にしました。私は幼い時、りんごが大好きだったのです。

15　アジア平和女性連合が進む道

一九九一年十一月二十日
韓国・ソウル、オリンピック公園フェンシング競技場

＊「アジア平和女性連合」全国大会の場でされた基調演説

親愛なる「アジア平和女性連合」の会員の皆様、そして玄界灘（げんかいなだ）を渡り、この大会を祝うために参席された日本女性連合代表の皆様！　私たち女性が、愛と平和の新世界のために「アジア平和女性連合」の全国大会を開催することになったのは、偶然なされたことではなく、神様の摂理であり、滔々（とうとう）と流れる歴史の必然であり、宿命です。

今までの歴史においては、男性の役割が強調されました。男性中心の世界秩序であり、社会体制でした。なぜなら、過ぎ去った歴史では、力の論理が支配していたからです。しかし、今の時代は違います。今日の歴史は、平和、和解、慈悲、愛、寛容、奉仕、犠牲を要求しています。男性的な、力の論理だけでは、現実の問題を解決することができない時代です。

神様の真の愛によって統一運動を展開しなければならない

昨年の四月十一日、私は夫の文鮮明(ムンソンミョン)牧師と共に、それまで世界共産陣営の総本山であったモスクワのクレムリン宮殿において、ゴルバチョフ大統領に会いました。その時、夫はゴルバチョフ大統領に、「ソ連の成功は、すべてにおいて神様を中心とするか、しないかに懸かっている」と忠告しながら、「無神論は自己破滅と災害を招くばかりである」と説かれています。そして、ソ連が生きる道は、共産革命の父であるレーニンの銅像を撤去し、宗教の自由を認め、宗教的価値を国民に教育することであると忠告されました。

その時から、ソ連は急速に変化し始めました。特に、私の夫と統一教会に対する反応は、まさに革命的でした。五千名以上のソ連の大学生が「統一原理」の教育を受け、千名以上の教授と政治指導者が「統一原理」の教育を受けました。これまで、夫の文鮮明牧師が韓国社会でどのような受難を経験されたか、皆さんはよくご存じでしょう。既成キリスト教会の無理解の中で迫害を受けたことは言うまでもなく、北朝鮮の共産政権ばかりか韓国の政権からも弾圧を受け、異邦の国であるアメリカにおいてさえ、ダンベリー監獄の受難を経験しなければなりませんでした。

私はそのような夫の背後で、涙も多く流しました。神様のみ旨のために、途方もない苦痛を受けられるその方を信じ、内助しながら、妻として、また十四人の子女の母親として歩まなければならなかった道は、順調なことばかりではありませんでした。神様が人間を創造されたのは、愛することのできる対象が絶対的に必要だったからです。人間世界の父母の、子供が自分たちよりもさらに立派になることを願う心は、まさに神様が人間をつくられた時に抱かれた、真の愛の心情にその根を置いているのです。自分より相手がより良くなることを願う心は、本来、神様から来た真の愛のためなのです。

本来、真の愛とは、神様の絶対愛のことをいいます。そして、愛は相続権において一体となるので、永生の論理が成立するのであり、真の愛を実践する家庭と社会は、永遠に滅亡せずに発展するのです。私はきょう、私たち女性がこの真の愛の実践を通して平和世界を成し、価値と道義の新時代を開くためには、先に話したように、次のような三つの次元を考慮しなければならないと考えます。

新世界を開くための三つの考慮事項

第一に、私たちは、私たちの子女が神様の代わりに信じることのできる母親にならなければなりません。母親の愛は犠牲です。そのため、私たちはこのような母親の犠牲的な愛によって、罪悪に苦しみ、あらゆる退廃によって弱っていく生命を救わなければなりません。

第二に、私たちは、夫が神様の代わりに信じることのできる妻とならなければなりません。夫に向けたまっすぐな貞節がその答えです。妻の貞節は、私たち固有の美徳です。このように見るとき、私は夫の文鮮明牧師が、「人類の始祖アダムとエバが『善悪を知る木の実を取って食べてはならない』という神様の戒めを破って犯した原罪は、ほかでもない愛と血統の秩序を破壊した不倫なる性犯罪である」と明かした「統一原理」の教えこそ、人類をこの不倫と退廃の沼から救出する、福音の中の福音であると、宣言せずにはいられません。この教えによって結ばれる統一教会の祝福結婚こそ、世界をお救いになる神様の真の愛のみ手であることを、万世界に宣布せずにはいられません。

第三に、私たちは、国家が神様に代わって信じることのできる女性、同胞の娘とならなければなりません。娘が守らなければならないことがあるとしたら、それは純潔です。娘が父母を最も喜ばせる道は、純潔を守ることです。家庭と社会と国家の平和はどこから、アジアと世界の平和はどこから、何を中心として成し遂げられるのでしょうか？　それは政治家や経済人が主唱する、政治や経済において成し遂げられたり、国際的な会議や交流を通して成し遂げられたりするのではなく、愛の宿る家庭から平和の新芽が芽吹くことを悟らなければなりません。

特に、このような真の家庭が集った私たち、韓国の「アジア平和女性連合」は、分断された韓半島の南と北を（一つにし）、神様の真の愛によってその血脈をつなぐ統一運動を、積極的に展開しなければなりません。さらに私は、私たち「アジア平和女性連合」をはじめとして、私たちと志を同じくする世界の女性と共に、五大洋六大州に「世界平和女性連合」を結成するよう努力します。そうして、ついには「世界家庭連合」を創設することにより、地球全体に神様に侍る理想を花咲かせ、平和の世界が成されるようにすることが、きょうのこの全国大会の目的です。この神聖な任務のために、私たちはみな、さらに奮起し、積極的な努力を傾けましょう。

16　理想世界の主役となる女性

一九九二年九月二十四日
日本・東京、東京ドーム

＊「世界平和女性連合」創立記念日本大会の場で、日本語で講演されたみ言

尊敬する内外の貴賓、「アジア平和女性連合」の会員、そして紳士、淑女の皆様。このたび開催される「世界平和女性連合」の七大都市講演会を前に控え、きょうはこのように盛況を呈してくださり、心からの感謝を申し上げます。

新しい女性の時代が開幕

私は昨年の九月十七日にも、ここ東京において、「アジア平和女性連合」が主催する全国大会で、基調講演をさせていただきました。そして、その後一年の間に、日本だけでなく、国際的にも大変な反響を得て、女性連合は目覚ましい発展を遂げることができました。昨年の十一月二十日には、大韓民国のソウルで、「アジア平和女性連合」の第一回大会が一万五千人以上の韓国の女性代表により、大盛況の

うちに開催されました。そして今年の四月十日には、世界七十カ国以上から集まった平和を渇望する十五万人を超える女性代表が、ソウル・オリンピック・メインスタジアムをあふれんばかりに埋め尽くす中で、世界の女性運動史上に類例のない、最大の女性大会が開かれ、「世界平和女性連合」が結成されたのです。その間、この大会がこのように驚くべき成長を遂げるために、献身的な苦労と努力を惜しまれなかった関係者の皆様に、心から称賛を捧げたいと思います。

私はこのような国際大会の後にも、韓国国内で八十一カ所の主要都市を巡回し、「理想世界の主役となる女性」という主題で講演を続けました。行く先々で、雲霞（うんか）のように集まった延べ百万人を優に超える韓国の女性たちから熱狂的な歓迎を受け、大変な好評を頂きました。私はこの熱気の中で、私たち女性には、未来の世界平和のために寄与できる無限の可能性と潜在力があることを実感できました。

これらの大会は、二十一世紀までわずか八年を残すこの時において、戦争と暴力、搾取と破壊に染まった、男性を中心とした力本位の時代が過ぎ去り、今や愛と許し、和合と協力によって人類を導いていくべき女性たちの新しい時代が到来していることを覚醒させる、重要な契機となりました。これらの大会を通じて、私は「女性の本然の役割を自覚し、平和と幸福と自由の礎を据えよう」と力説いたしました。すなわち、神様の真の愛が定着する真の家庭を築くことこそが、真の平和の国、平和の世界を建設する近道であると強調したのです。

去る八月二十五日、大韓民国のソウル・オリンピック・メインスタジアムで行われた三万組の国際合同祝福結婚式は、理想家庭を通じて世界平和が実現できることを示す、最も実証的な大役事でした。第一回「世界文化体育大典」の行事の一環として行われたこの日の国際合同祝福結婚式は、一言で語れば、地上に世界平和の門を大きく開け放つ歴史的な宣布でした。そして神様の愛を中心に、世界は一つの家庭、人類は一家族であることを万民に誇らしく示す、一つの巨大な愛のパノラマだったのです。この日、私の夫である文鮮明（ムンソンミョン）総裁と私は、真の父母として、世界百三十一カ国から参加した六万人を超える善男善女たちに祝福を授けました。

翡翠（ひすい）色の青空と輝く太陽のもとで繰り広げられたこの愛の一大祭典で、彼ら新郎新婦は一斉に、神様の愛を中心として真の家庭と真の平和の世界を成し遂げることを、神様と真の父母と全人類に宣誓しました。この日、神様の真の愛を中心に結ばれた約束は、永遠で、絶対的なものです。決して条件的あるいは制約的なものではありません。なぜならば、限りなく与えても、さらに与えようとする真の愛の中での出会いは、互いが離れようにも離れられない、永遠の関係として残るものだからです。ですから彼らには、今日の社会でよく目にする性道徳の紊乱（びんらん）や離婚のようなことは、考えることすらできなくなるのです。

神様の真の愛を中心として出会う彼らには、国籍や人種、言語、風習などが障害になることはありません。すべての障害を溶かしてしまう神様の真の愛の中で、彼らは共通の真の愛の言語を発見し、共通の真の愛の広場で出会うようになるのです。こうした超国家的、超人種的、超宗教的な次元における出会いは、彼らをして世界のために生き、世界を抱くことのできる、未来の世界人に成長させてくれるのです。彼らが世界の至る所でために生き、犠牲になって生きる真の愛の根を下ろすときに、この地上からは憎悪と闘争の哲学が消え去り、戦争と殺戮（さつりく）の惨劇が終わりを告げるでしょう。ただひたすら永遠に互いのために生き、愛し合う真の理想家庭と平和世界が実現されるでしょう。

既に文鮮明（ムンソンミョン）総裁は、去る一九八八年に六千五百組を超える永遠の平和の橋を架けました。日本と韓国の若者たちが、神様の真の愛を中心として共に夫婦となって以来、彼らの家庭は真の血統の関係として、両国の国民と伝統、文化を誰よりも愛し、大切にするようになったのです。少なくとも北東アジアの平和は、彼らによって保障されるようになったと言えるのです。

愛が干からびていることが根本問題

昔から、家庭を守り、育むことは、私たち女性に与えられた固有の特権であり、使命でした。ところが、今日のこの社会には、私たちの家庭を脅かす根本的な要素があまりにも多くあります。実に今日の世界の問題は、軍事力や経済力を発展させたからといって解決できるものではありません。むしろ外的な成長と開発に比例して、伝統的な価値観の崩壊や社会秩序の混乱など、より多くの内的な問題が増加の一途をたどっているのが実情です。今も地球上では、数千万の人々が飢餓にあえいでいます。しかし、これは食糧問題である以前に、飢えに苦しむ彼らを自分の息子、娘、自分の兄弟、自分の父母として見ることができない、愛が枯渇してしまっているところに、より根本的な問題があるのです。今日の社会は、日ごと犯罪によって蝕まれ、麻薬のために衰えつつあります。人類は、たとえ核戦争の危機を避けることはできたとしても、希望のあすより、絶望の暗雲が未来を一層暗くしているのです。

こうした世界の問題は、決して部分的、表面的な治療だけでは治せない、根本的なものです。もし歴史を背後で摂理してこられた神様を排除したまま、人間だけを中心としてその解決点を模索しようとすれば、その結果は失敗に終わるしかありません。

ですから文鮮明総裁は、「頭翼思想」と称される「神主義」を宣布し、あらゆる苦難を経ながらも、ついに人類が今日の問題を解決できる、勝利の新しい地平線を切り開いたのです。つまり、人類が神様との関係を回復し、神様の真の愛を中心として、本然の理想家庭を取り戻して築いてこそ、平和世界の門が開かれるということなのです。

この「頭翼思想」は、アメリカだけでなく、無神論の共産主義思想によって統制されてきたロシアにおいてさえも、既に数万人の若者と知識人たちに神様の実在を確認させ、彼らを真の家庭の理想に目覚めさせています。理想家庭を通して、自分を犠牲にし、他のために生きる真の愛を訓練することによって、人種間の対立や暴力、貧富の葛藤、環境破壊、ひいては国家や民族の利己主義など、今日の諸問題に対し、その解決の糸口を見いだすことができるのです。

日本と韓国が一つになってアジアへ

文総裁は「神主義」を実現するために、生涯にわたって多方面の努力を傾けてきました。統一教会をはじめとして、「科学の統一に関する国際会議」、「世界平和教授アカデミー」、「世界言論人会議」、「世界平和のための頂上会議」、「世界宗教議会」、「世界平和連合」、「世界平和宗教連合」、「世界大学原理研究会」、「世界大学連盟」、そして「国際芸術公演団体」などは、すべて等しく、神様を中心とした平和世界の建設を、その理想と目標にしています。特に理想家庭を通じた世界平和の実現に心血を注いできた文総裁は、「アジア平和女性連合」と「世界平和女性連合」を創設した主人公でもあるのです。そればかりでなく、これまで築き上げた世界平和のための統一された基盤と努力を連帯的に強化するために、世界各国に「世界平和統一堂」を創設しました。

　誰が何と言おうとも、文総裁は、宗教界、思想界、学術界、言論界、教育界、科学技術界、そして文化芸術界など、あらゆる分野において、世界の頂上の基盤をつくり上げました。今や、このあらゆる分野が結束して大行進を始める日には、私たちの願う平和世界が、私たちのすぐ目の前に展開するでしょう。

　真の愛とは、本来限りなく与えては、またさらに与えようとするものなので、その前に「怨讐」という言葉は容認されません。そのため、これまで真の愛を中心とする「神主義」を実践するために、あらゆる無理解と迫害、中傷、謀略、そして数え切れない苦難を経験してきた文総裁ではありますが、その前に怨讐という概念はあり得ないのです。そうして、過去の世紀に自由世界の仇敵と見られてきたソ連を訪問してゴルバチョフ大統領にも会い、また北朝鮮を訪問して金日成主席にも会って、神様の真の愛を中心とする平和の原理、「頭翼思想」を訴えたのです。ために生きた上に、さらにために生きようとする真の愛を実践するために、文総裁は地の果てのどこまでも行かれるのです。

敬愛する日本の女性指導者の皆様。今、この瞬間にも文総裁は、日本をアジアと世界から最も尊敬される国にならしめるために、先頭に立って道を整えています。また日本の若者たちが正しい道を行くように、昼夜を分かたず教育しています。あの純粋で、健やかに活動する若者たちを御覧ください。文総裁が築いた世界的な基盤を通じて、既に数多くの日本の若者が世界に出ていき、全世界の人々から限りない愛といたわりと尊敬を受けながら活躍しているのです。

文総裁には、きょうのこの夕べにも、皆様一人一人に、本当に日本を生かす道が何であるのか、勧告したいことがたくさんあるのです。私は、夫がこの国と国民をどれほど愛しているか、よく知っております。しかし今夜は、その深く大きな愛をすべて伝え切るにはあまりに不足である私だけが、一人でこの壇上に立っています。一部の偏見にとらわれた人々が、何も知らないまま無条件に迫害と反対に熱を上げていますが、文総裁の愛と真意が理解される日が一日も早く来ることを望む次第です。

皆様。日本がアジアに出ていくに当たっては、韓国と一つになって出ていってこそ、より多くの友を得て、より多くの基盤をつくることができます。近くて遠い国が、これからは近くて近い国となって、アジアの未来を共に背負って進んでいかなければなりません。日本は何よりも韓国の統一に大きな力を注ぐべきであると思います。過去の日本の韓半島支配が結局、分断という結果を招いてしまったことに対する痛切な心の傷は、統一のための真心のこもった皆様の努力によって、きれいに癒やすことができるのです。そのためにはまず、この国には民団と朝鮮総連という二つの同胞の機構がありますが、それが一つになるように導き、統一のための基盤を整えなければならないでしょう。この二つの機構は、真の愛を中心とした「頭翼思想」によって一つになることができます。

韓国と日本が互いに争えば、互いに持っているものをすべて失ってしまいます。しかし、二つの国が力を合わせれば、未来のアジアと世界の平和建設の最も偉大な主役となるでしょう。

アジアからの新しい女性運動

古くから世界の精神文明を主導してきたアジアから、世界を生かす新しい女性運動、新しい家庭運動、新しい平和運動が起こることは、歴史の必然です。これまで私が繰り広げてきた世界女性運動は、男性の権威に対する挑戦や、女性の権利ばかりを強調するフェミニズム運動とは、根本的にその性格を異にしています。今まで西欧社会で発展してきた女性運動は、相克的で衝突的な西洋の闘争精神を反映したフェミニズム運動ですが、私たちの運動は、互いに相応的で相補的な東洋の調和の原理が土台になった、和合の女性運動なのです。男性にできないこと、すなわち女性だけができることを探し出し、男性と相互補完的に協力することによって、真の家庭を建設することをその理想としています。

今日、誰も手の付けようがない最も深刻な社会問題として登場しているのは、家庭崩壊の現象です。人類の生存する基盤が、その根底から揺さぶられているのです。アメリカにおいて家庭の価値や社会道徳の問題が、大統領選挙の最も深刻な争点の一つとなっているのも、このためです。これは単に、アメリカや西ヨーロッパに限った問題ではなく、全人類的な危機なのです。日本や韓国も、その例外ではありません。経済発展と同時に、道徳的な危機を憂慮せざるを得ない段階を迎えています。これを防ぐ道は、摂理史的観点による「神主義」と「頭翼思想」を教えること以外にはありません。

特に青少年に対する道徳教育は、とても切迫した実情にあります。私は、少し前に日本で開かれた「柳寛順(ユグァンスン)烈士精神宣揚大会」が、日本の多くの市民から大きな反響を得たと聞いて驚きました。もちろん東洋のジャンヌ・ダルクといわれる柳寛順は、若い青少年たちの愛国心を鼓舞するには最も良い手本であり資料になると思いますが、私をより深く感動させたのは、過去のぎくしゃくした関係を乗り越え、一人の人間に対する新しい相互理解の突破口を開こうという、日本国民の進取的な姿勢と、その幅広い包容力でした。

世界の深刻な家庭問題を解決するため、これから特別に、日本の女性の皆様が先頭に立ってくださるようお願いします。それというのも、皆様は、長い歴史を通じて愛と犠牲の精神で皆様の家庭と国を守ってきた、世界で最も立派な女性の伝統を持っているからです。皆様の国が第二次世界大戦の廃墟(はいきょ)から立ち上がり、世界一の経済大国にまで発展するにおいて、その隠れた主人公の役割を果たしたのは、まさに女性の皆様だったことを、私はよく知っています。伝統的に守られてきた皆様の犠牲と奉仕の美徳を、今や世界の全人類のために与え続ける、世界的次元の真の愛へと昇華させなければなりません。

理想家庭による世界平和の建設

過去の二十世紀を通じて、男性たちが成し遂げられなかった平和世界の建設は、今や私たち女性の手に委ねられています。理想家庭を通じた世界平和の建設は、私たちに与えられた天命なのです。一般的に、男性は自分を中心とする生活を営みますが、女性たちは自己を犠牲にする生き方をします。ですからこれからは、自分のために全体を犠牲にするのではなく、全体のために自分を犠牲にする、そのような真の愛が発揮される新しい歴史が出発しなければならないのです。

私たちは、まず「頭翼思想」で武装して立ち上がり、平和世界の主役とならなければなりません。退廃の一途をたどる家庭倫理を、私たちが立て直さなければなりません。脱線の道にさまよう青少年たちを、私たちが正しく導いてあげなければならないのです。今や女性たちが主体的に立って、世界平和に貢献する新しい転換の時代がやって来たのです。誇らしきこの平和の隊列に、皆様すべてが参加し、先頭に立ってくださることを切にお願い申し上げます。

これから開催される全国の巡回講演会のために声援を送ってくださった皆様に、もう一度感謝を申し上げ、皆様と皆様の御家庭に神様の祝福が共にあることをお祈りいたします。ありがとうございました。

17　神様と女性、そして世界平和

一九九三年九月十一〜三十日
日本・北海道など全国二十七カ所

＊「世界平和女性連合」韓鶴子（ハンハクチャ）総裁巡回講演時に、「真の父母と成約時代」というテーマで語られたみ言（ことば）

尊敬する御来賓、そして紳士、淑女の皆様。このたび、招待講演会にこのように多数の方々がお越しくださいまして、心から感謝申し上げます。皆様が平和世界を建設するために献身的に歩まれる姿に接し、心から感動を覚えます。

神様の創造理想

ご存じのように、今日の世界は、平和で幸福な世界ではなく、葛藤と絶望に満ちています。私たちは、家庭破壊と社会的道徳の退廃の問題などに直面しているのです。

私たちはこのような問題に対して幾度となく論議しましたが、解決策はいまだに見つかっていません。なぜでしょうか。本当の問題の解決策は、神様から出てこなければならないのであり、表面的な問題だけを扱うのではなく、問題の根本から明らかにしてこそ、解決できる問題だからです。その根本を明らかにするために、まず神様の創造目的を理解し、私たちが神様の摂理史で最も重要な転換点に置かれているという事実を悟らなければなりません。

歴史上、このような重要な時点で、神様は私の夫である文鮮明(ムンソンミョン)牧師に、全世界の人々に新しい啓示を伝えるようにと指示されました。これから御来賓の皆様に、この重要なメッセージをお伝えしようと思います。

神様が人間始祖アダムとエバを創造された理想は、彼らが真の愛で完成し、真の父母として真の愛、真の生命、真の血統を備えた善の家庭を完成することでした。そのような善の家庭は、家族全体が神様のみ前に心情的に一つになった基盤の上にのみ現れることができるのです。

神様は、息子と娘としてアダムとエバを創造したとき、彼らが御自身よりも立派になることを願いました。このような話は、伝統的な考え方に反していると言えます。ですが、この点についてしばらく考えてみましょう。

私たちが親の立場で我が子の顔を見つめるとき、彼らに無限の愛と希望が共にあることを願います。私たちは、子女が成長して私たちの夢をかなえてくれることを願います。

同様に、神様も、御自身の子女たちに対し限りなく与えたいと思われます。神様は一〇〇パーセント与えただけでは満足されません。御自身が持っていらっしゃるものの千倍でも与えたいと思う方が、まさに神様です。神様の愛は、すべてを完全に与えても、与えた事実さえも忘れてしまわれる愛です。ある人は、自分が与えたものがどれほどになるか計算し、これだけ与えたら十分だと自ら決定してしまいますが、神様は永遠という時間の中で、十分に与えたとは判断されない方なのです。

実のところ、神様が被造世界を創造された目的は、愛の相対を探して立てるためでした。親と子、夫と妻、そしてこの世のすべての万物をペアに造られた目的は、御自身の創造を通して真の愛を実現するところにありました。同じように、父母は子女のために生きるようになっており、子女たちは父母のために生きるようになっています。また、夫は妻のために、妻は夫のために生きなければなりません。被造万物のすべては、このようにために生きなければならず、与えながら生きるように創造されたのです。

もしアダムの家庭で神様の真の愛の理想が成し遂げられていたならば、まさにその家庭が天国の始発点になっていたはずでした。そうして、そのような天国家庭が歴史的な発展を経て、氏族、国家、世界へと拡大し、この世界が真の愛の世界、すなわち地上天国となっていたのです。さらには、霊界でも天国が水平に拡大していたでしょう。

偽りから始まった人類歴史と救援摂理

もし神様の根本理想が実現していたなら、メシヤはもちろんのこと、神様の人類救援摂理も必要ありませんでした。

一つの家庭にすぎませんが、アダムの家庭がまさに、氏族、国家、世界の中心になったのです。その家庭こそが将来、生まれるすべての家庭のモデルになったのです。また、神様の理想世界を実現するためのモデルとなるはずでした。

しかし、人間始祖の堕落により、神様の救援摂理が始まらざるを得ませんでした。神様の救援摂理歴史は、旧約時代、新約時代、そして今日の成約時代に至るまで、複雑で苦痛な路程を経ながら、類似した路程を繰り返しながら延長を重ねてきたのです。

神様がアダムの家庭を中心として成し遂げようとされた真の家庭と天国理想は、アダムとエバが神様から離れたことによって成し遂げられませんでした。堕落ゆえに、今日の現実世界も、神様の善の理想世界とは程遠い世界となりました。実際、今日の世界は偽りの世界であり、利己的な愛が氾濫しています。これはまさに、アダムとエバがサタンを中心とした利己的な偽りの愛を土台として、偽りの父母になったからです。彼らは善ではなく、悪を繁殖し、偽りの家庭を形成して、偽りの生命と偽りの血統をすべての家庭にもたらしたのです。こうして、偽りの氏族、偽りの国家、偽りの世界が現れるようになりました。

そのため、神様の救援摂理の目的は、アダムとエバに代わり、一人の男性と一人の女性が神様の真の愛を中心とした真の父母として復帰され、真の家庭を完成することです。そうなれば、その家庭を始発点として、真の氏族、真の国家、神様が本来理想とされた真の世界が実現されるはずでした。言い換えれば、神様の真の愛、真の生命、真の血統が育ち得る種が創造されなければならないのです。

御来賓の皆様。このように罪悪と腐敗に満ちた世界が、どうして善と愛の根源であられる神様から始まったのか不思議に思われたことはありませんか。聖書を詳しく読んでみると、アダムとエバの堕落により、アダムの家庭全体を失う結果がもたらされたことに気づくでしょう。第一に、アダムとエバが堕落することによって父母の位置を失い、第二に、カインがアベルを殺害することによって子女の位置を失いました。こうして理想家庭と完成した世界を成し遂げようとされた神様の計画は崩れてしまったのです。

したがって、その本然の家庭を復帰するために、神様は堕落した経路と反対の経路を取り、先にカインとアベルの位置を復帰した後に、真の母と真の父の位置を復帰する摂理をしなければならないのです。すなわち、真の父母を復帰するための基台として、先に子女のカインとアベルが和解しなければならないということが、復帰歴史を通して現れた神様の変わらない公式となってきたのです。

堕落した人間をカイン側とアベル側に分立する歴史が、ユダヤ教とキリスト教の歴史に繰り返し現れます。堕落によってもたらされた憎しみを取り除こうと、神様は堕落した人間を、サタンを象徴するカイン側と神様を象徴するアベル側とに分けて立てる役事をしてこられたのです。神様は、アベルが先に打たれて犠牲になる作戦を用いてこられました。その結果として、アベルは自分が犠牲になったその基台の上に、カインを包容し、長子に与えられた祝福まで得るようになるのです。

例を挙げれば、救援の目的について見るとき、最も先を行く宗教は、いつもサタンから最もひどい迫害を受けるようになります。そのような宗教が行く道には、いつも反対がありますが、彼らは罪悪世界を救うために絶え間なく努力しながら犠牲の道を行くのです。同じように、善の人々はいつも先に打たれて犠牲になる道を歩みます。

今日、堕落した世界を見ると、至る所で、カインとアベルが闘争したように、善悪間の闘争を容易に目にすることができます。このような闘争は、一個人の心と体の葛藤から始まります。アベル側に立っている心は、カイン側に立っている体に勝つために身もだえします。個体内のこのような葛藤が、家庭、国家、世界にまで拡大するのです。

その結果、人類は常にアベルのような善の側とカインのような悪の側に分かれ、各階層で闘っているのです。

しかし、神様のみ旨は、片方がもう片方に勝って、負けた側を破壊するのではなく、両方とも復帰されることを願うのです。

このような分立の例として、イエス様が十字架にかけられた時の、アベル側である右の強盗とカイン側である左の強盗を挙げることができます。したがって、神様の救援摂理上の核心的な課題は、真の母と真の父を探して立てるための基台を造成するために、そのように分かれた二つの側を神様の創造理想を中心として一つにすることでした。

家庭崩壊と不倫の愛

紳士淑女の皆様。もし家庭が神様の愛の理想を中心として立っていなければ、家族に対立が生じるようになります。神様の愛を絶対的な中心としなければ、やがてその家庭は壊れてしまうのです。さらには、そのような家庭が集まってできる国も、衰亡の道をたどるようになります。

最初の家庭が不貞で利己的な愛の奴隷となってしまったので、利己心と貪欲が、個人、家庭、社会、国家、世界的な次元で、人類歴史を汚し続けてきたのです。まさにそのような理由から、神様の復帰歴史は個人の次元から始まります。ところが、サタンもそれを知っているので、人間個々人の次元から、集中攻撃をするのです。

終末である今日、利己的な個人主義が普遍的な生活様式になったことは、決して偶然ではありません。人々は日がたつにつれ、周囲からだんだんと疎外感を感じるようになり、自分の属する国家、社会、そして甚だしくは自分の家庭にさえ、さほど責任感を持たなくなっています。離婚率が日に日に増加しているという事実は、夫婦が互いに結婚に対する責任感をほとんど持ち合わせていないという証拠です。父母も子女に対して然(しか)るべき責任を持ちません。個人においても人間の尊厳性を失い、自分に対する責任すら取ろうとしません。

アメリカと世界のいくつかの国では、このような現象が一九六〇年代の青年運動とともに現れるようになりました。理想主義的な若者たちは、愛と平和を追求すると言って物質主義を排斥して立ち上がりましたが、その過程で、彼らは物質主義だけでなく、人間の道徳性と責任感までも忘れてしまいました。自分たちの追求してきた真の愛を見いだせなくなると、多くの若者たちは自殺、麻薬中毒、フリーセックスに陥ってしまったのです。このような現象の中でも、神様が最も胸を痛めたのがフリーセックスです。フリーセックスこそ、神様のみ旨や家庭の理想とは完全に相反するものです。愛というものは純粋な情緒の刺激から誘発されるものですが、フリーセックスは純潔や真の情緒とは全く関係がありません。

どれほど多くの人が不倫の愛の関係や離婚のために苦痛を受けているでしょうか。一夜のかりそめの愛、そのどこに神様が臨在されるのでしょうか。親から性的暴行を受ける子女たちは、どんなに悪夢でうなされるでしょうか。親のフリーセックスで片親の子女が生まれてもよいのでしょうか。

同性愛、フリーセックス、麻薬、そしてアルコール中毒が横行するところは、真の愛とはかけ離れています。

今日、サタンは包み隠しもせずに、「酒を飲め。煙草を吸え。麻薬を使え。フリーセックスを楽しめ！」と言って扇動しています。一方、神様のみ旨を成就するために働く人たちは、それとは一八〇度異なる人生を生きています。歴史的に自己の犠牲を甘受しながら霊的な価値を追求する道を歩んできた人たちは、異なる人生を生きる人たちから形容し難い反対と迫害を受けてきました。

例を挙げるなら、全世界的な反対を物ともせずに統一教会が発展できたのは、ひとえに神様の愛と祝福のゆえでした。戦争で焼け野原となった韓国の地で無名の教会として出発した統一教会が、三十八年で世界的な宗教にまで成長した事実だけを見ても、神様が絶えず導かれ、お守りくださっていることが分かります。

今も統一教会に反対し、根拠のないうわさを広めながら統一教会の宗教活動を妨げようとする人たちがいます。

重ねて申し上げますが、サタンはいつも神様が最も大事にされるものを先に打ちます。しかし、神様のみ旨に逆らう道を行く人たちは、決して繁栄することができません。神様の側に立ち、不当な迫害に耐え抜く人々が天の祝福を取り戻すことのできる権限を獲得するという原理が真理であることを知るようになります。神様の作戦は常に、先に打たれてから取り戻してくるのです。

真の愛の復帰

紳士淑女の皆様。聖書を見ると、エバが先に神様の命令に背いてサタンと関係を結んだとあります。そして、堕落によってエバはもちろん、アダムとその息子であるカインとアベルまでも、利己心と偽りの愛を中心としたサタンの血統を受けるようになりました。このようにサタンによって原理軌道を離脱したアダムとエバの子孫になった私たち人類は、誰しもサタンの血統を受けて生まれているのです。このような理由から、イエス様はヨハネによる福音書第八章四十四節で、「あなたがたは自分の父、すなわち、悪魔から出てきた者であって」といって叱責(しっせき)されたのです。

旧約聖書を見ると、「目には目、歯には歯」という公式に従って救援摂理を展開してきたように説明されています。『原理講論』では、過ちに対する復帰過程について「蕩減(とうげん)を払う」と表現しています。堕落したエバが自らの失敗を復帰するためには、すべての責任を一人で負わなければなりませんでした。エバは自らの堕落行為と反対の経路をたどって再び正し、堕落のすべての段階を、霊的、肉的両面で復帰しなければならなかったのです。エバが次子であるアベルを助け、神様のみ旨に従うように協助しなければならないというのが天のみ旨でした。創世記を見ると分かるように、神様はアベルが捧げた供え物を受けられました。しかし、それがアベルに期待したことのすべてではありませんでした。アベルの愛を通して、カインはアベルのことを神様が選んだ人として認め、彼と一つになることを期待し、エバが彼らを助けて、二人の兄弟が一つになることを願われたのです。

カインとアベルが一つになっていれば、堕落によってもたらされた二つの問題のうち、二番目のものは解決されるはずでした。エバを中心としてカインとアベルが一つになったならば、アダムの家庭全体を復帰できる基台を造成していたのです。摂理歴史を通し、堕落したエバの役割を代行し、カイン的人物とアベル的人物を一つにさせるために神様から召された特別な女性たちが、エバと同じ使命を遂行するのを見ることができます。

リベカの模範的事例

聖書に出てくるこのような特別な女性の一人がイサクの妻リベカです。ヤコブとエサウの母である、イサクの家庭のリベカは、アダムの家庭におけるエバと同じ立場にいました。

しかし、リベカは、エバとは違って神様の摂理を理解し、次子ヤコブを協助して、長子エサウが受けるべき祝福を次子が代わりに受けるようにしました。長子エサウはヤコブに祝福が降りたことを知って、カインがアベルの命を奪ったように、弟ヤコブの命を奪おうとしました。しかし、リベカの母子協助とヤコブの努力によって、結局この二人の兄弟は暴力を行使することなく抱き合って和解しました。

この和解は、神様の摂理上、重要な勝利となりました。しかし、それは象徴的な血統転換を意味するにすぎなかったのです。実質的な血統復帰は、腹中で行われなければなりませんでした。これがまさにタマルに関する逆説的な物語です。リベカのようにタマルもまた、堕落したエバの立場にあったことを理解すると、彼女の血統であるユダ族の中からイエス様がお生まれになったその理由を理解することができます。

皆様も、聖書でタマルが生んだ双子の息子にまつわる物語を読まれたことと思います。彼女は舅（しゅうと）であるユダと関係を持ち、双子の息子ペレヅとゼラを身ごもりました。聖書には、その二人の息子は母の腹中で長子権を懸けて闘ったことが記録されています。

タマルが出産するとき、ゼラの手が母のおなかの中から先に出たのですが、産婆がその手首に赤い糸を結ぶとその手は再び母の腹中へと入り、手首に赤い糸を結んでいないペレヅが先に生まれました。このようにしてカインとアベルの位置が、生まれる前の母胎で転換されたのです。イスラエル民族がメシヤを迎える選民としての摂理は、まさにこの時から始まったのです。

伝統的な道徳観から見れば、リベカとタマルに関する物語は多くの疑問が提起される内容です。それにもかかわらず、なぜ神様が彼女たちに祝福を与えられたのかという問題は、今日まで神学界の謎となっています。実は、神様はイエス様の誕生のために、サタンから神様の血統を取り戻す必要がありました。このように探して立てた純潔で真の愛の血統の基盤の上に、イスラエルの国は成長し始めました。「イスラエル」という言葉は、勝利を意味します。この二人の女性の勝利によって、血統の復帰がなされたのです。

マリヤの生活と危険な路程

それからユダの勝利圏は代を重ねながら発展し、氏族、社会、国家基準へと拡大していきました。まさにこの血統を受け継いで、二千年後のイスラエルにマリヤが生まれたのです。マリヤには、然(しか)るべき蕩減(とうげん)条件を立てて長子権を復帰することによって、家庭、氏族、国家基準でカイン型とアベル型を一つに結ばなければならない責任がありました。マリヤは他の人たちの目から見れば、彼女の親と、彼女が婚約した男性ヨセフを裏切ったことになりましたが、神様の命令を受けてイエス様を身ごもりました。

その当時は、結婚していない女性が他の男性の子女を身ごもるようになれば、石で打ち殺されるのがならわしとなっていました。しかし、ヨセフは勇敢に立ち上がり、婚約者マリヤを捨てることなく保護しました。マリヤの信仰とリベカとタマルの貢献で、サタンはマリヤの腹中にいるイエス様に対し、所有権を主張できなかったのです。

ですからイエス様は、神様の完全な直系の血統である真の息子の位置でお生まれになりました。イエス様は堕落した血統を善の血統に転換した後に生まれた、神様の最初の真の息子でした。

まさにその理由で、神様の独り子として生まれたイエス様は、すべての聖人の中の聖人であり、神様の真の血統の先祖となるのです。イエス様の誕生は、国家的次元の旧約時代を終結させ、世界的次元の新約時代を開門する意味があります。マリヤは、堕落したエバを復帰した位置まで進むべき立場で、アベルの位置に立っていたイエス様と、カインの位置に立っていたイエス様の従兄(いとこ)である洗礼ヨハネを一つにしなければなりませんでした。この二人が一つになることは、イスラエルの民がイエス様をメシヤとして受け入れるための決定的な鍵だったのです。

洗礼ヨハネは兄の立場でした。多くの人々が彼に付き従い、広く尊敬される位置に立っていました。イエス様が弟子たちに語ったように、洗礼ヨハネの使命は、「来られる主の道をまっすぐにするためにエリヤが先に来る」という旧約聖書の預言を成就することでした。

それでは、神様の摂理を中心として見たときに、いったい洗礼ヨハネは使命を果たしたのでしょうか。ルカによる福音書を見ると、洗礼ヨハネはエリヤの霊と力を持って来たとあります。しかし、洗礼ヨハネは自らエリヤであることを否定し、ヨルダン川でイエス様に洗礼を施すときに、天からはっきりとした啓示を受けたにもかかわらず、イエス様がメシヤであることを疑ったのです。また、その当時の人々の目には、洗礼ヨハネは宗教指導者として非常に尊敬される人物である一方、イエス様は貧しい大工の家に生まれた私生児として映ったのです。したがって、洗礼ヨハネの協力なしには当時のユダヤ人たちがイエス様を信じてついていくことは不可能なことでした。しかし、イエス様はたった一人で、御自身がメシヤであることを宣布していかなければならない困難な道を歩まれたのです。

洗礼ヨハネは、イエス様がイスラエルの宗教指導者となれるように助けるべきでした。もし、その当時、洗礼ヨハネがその使命を果たしていたならば、アベルの立場にあるユダヤ教とカインの立場にあるイスラエルの国がイエス様を中心として一つとなっていたでしょう。

果たされなかった夢

このように、カイン的存在とアベル的存在が一つとなっていたなら、そのときに「小羊の婚宴」のための基台が造成されたのです。イエス様は人類の真の父となり、新婦は人類の真の母となるはずでした。イエス様の福音は、七年以内、すなわち彼が四十歳になる前に、世界的に急速に伝播(でんぱ)され、アジアとローマまでも探して立てられたでしょう。究極的にイエス様は、新婦と共に、個人天国、家庭天国、氏族天国、国家天国を完成することができたはずでした。

しかし、このような栄光の夢は実現しませんでした。宗教人であると自負する人たちがイエス様のみ言(ことば)を拒み、イエス様を十字架上へと追い込んだのです。イスラエル民族の不信に直面したイエス様は、人類のために霊的救いの道だけでも開くために、命を差し出すことを決心したのです。しかし、イエス様は、霊的救いに加えて肉的救いを行うために再び来なければならないことをご存じでした。

ですから、人間の心はイエス様を通して神様に近づくことができますが、体はいまだに悪の誘惑を受け続けているのです。使徒パウロも、肉身の欲望と心の欲望との葛藤で煩悶(はんもん)しました。キリスト教の多くの偉大な伝道者たちも、このような矛盾ゆえに苦しんできました。ですから、成約時代が開かれて直面している主要な課題は、いかにして霊的救いと肉的救いを受けるかということです。

イエス様が十字架にかかって亡くなられることにより、イエス様と共に処刑された両側の強盗に象徴される左翼と右翼の闘争が始まりました。これは、アダムの堕落によってカインとアベルが分かれたのと同じです。同様に、キリスト教とイスラームが出現し、争いを始めました。このような分立闘争はイエス様が十字架にかかって亡くなられることによって引き起こされたので、神様は再臨のときに、これらカイン側とアベル側を一つにするために役事されるのです。

統一の不可避性

神様は再臨を準備するために、カインとアベルが世界的次元で一体化した基台が必要でした。この基台は、第二次世界大戦を中心として造成されました。キリスト教圏を代表したイギリス、アメリカ、フランスの連合国はアベル圏です。国粋的軍国主義の影響下の枢軸国だったドイツ、日本、イタリアはカイン圏です。この戦争は、カインとアベルの闘いが世界的次元へと拡大したものです。

連合国が勝利した直後、キリスト教を中心として世界平和を具現するための大々的な努力がありました。イギリスは世界的なエバの位置に、そしてフランスとアメリカはそれぞれカインとアベルの位置に立って、共に再臨主を迎える準備を完了した状態にありました。

しかし、このような準備が整ったにもかかわらず、神様の救援摂理は、その当時に完成されませんでした。神様の代身者が神様のみ言を携えてきましたが、二千年前のイエス様のように、その方はあまりにもひどい迫害とほぼ全世界的と言える誤解を受けるようになりました。イエス様のときに、天から火の車に乗って降りてくるエリヤの再臨をイスラエルの民が待ち望んでいたように、キリスト教信徒たちは、イエス様御自身が雲に乗って天から降りてこられることを期待しながら再臨主を待ち望んでいたのです。

ヨハネの黙示録を見ると、イエス様の再臨について語られたみ言（ことば）の中に、イエス様が新しい名を持って来るという内容があります。これはまさにエリヤの再臨がそうだったように、イエス様も再臨の時には他の人の姿で来られることを予示したものです。

第二次世界大戦以後、その重要な時期に、神様は私の夫に、韓国のキリスト教徒に新しい真理のみ言を伝えるように指示されました。ところが、韓国のキリスト教の指導者たちは、このみすぼらしい青年が新しいみ言を伝える機会を剥奪（はくだつ）しました。イエス様の当時、ユダヤ人たちがイエス様の権限を不信したように、韓国のキリスト教の指導者たちも再臨主が人の姿で地上に生まれるという事実を信じることができなかったのです。

もしもその当時に、キリスト教が私の夫と一つになっていたなら、地上世界はもちろん、天上世界までも天国を成したはずです。新約時代が終わる一九四五年から一九五二年までの七年間に、神様の摂理に従って全世界が一つに統一されていたはずです。

茨の道を歩まれた文鮮明（ムンソンミョン）牧師

彼ら宗教指導者は、私の夫と一つになることはおろか、夫に付き従う人たちが増えることを嫉（そね）みました。私の夫の話を聞くこともせず、盲目的に反対しました。甚だしくは、うそまでつきました。彼らは人格を抹殺しようとして、私の夫の教えとは正反対の、淫乱の教祖や強欲だとの中傷を広めたのです。

神様は、キリスト教を育て発展させて、再臨主のための道を整えさせるために、アメリカのような強力なキリスト教国家を立てられました。彼らが悟ろうが悟るまいが、その当時、韓国のキリスト教の牧師たちは、全世界のキリスト教を代表する位置に立っていました。第二次世界大戦後、アメリカと世界のキリスト教が私の夫と一つになれなかったので、彼らはその時から下り坂に差し掛かり始め、彼らの道徳的権威も失墜し始めたのです。

第二次世界大戦後、アメリカとキリスト教は、カインとアベルが一つになった勝利的な基台の上に立っていました。再臨主を迎える時が熟していました。しかし、その良い機会は実現せず、全世界が私の夫の活動に反対するようになり、夫は荒野へと追い出されました。どん底まで落とされ、その時から再び上がってきたのです。

そうして冷戦が始まりました。第二次世界大戦の期間中、二つの側に分かれていたように、世界は再びカイン圏とアベル圏とに分かれました。イエス様の左側で十字架にかかった強盗のように、神様を否定する共産主義はカイン側の世界です。右の強盗のように神様の存在を認めるキリスト教民主主義は、アベル側の世界です。

再び来られる主は、神様のみ旨に従って、このように敵対関係にある二つの世界を一つにしなければならないのです。ですから私たちは、教会組織を動員し、自由世界を代表する右翼と、共産世界に代表される左翼との対決を終息させるために最善を尽くしました。また、私たちは、ユダヤ教とキリスト教に代わる位置でムスリムとの和解を促進する役割をしてきました。

過去四十年の冷戦の期間中、夫は、失った四千年のメシヤを迎えるための基台を再造成しようと、個人的、家庭的、氏族的、国家的、世界的な障壁を崩すために闘争しました。夫は、四百年や四千年も生きられないので、この短い四十年の間に全人類の歴史を蕩減しなければならないことを知っていました。この四十年間で、私の夫はアダムからイエス様の誕生までの四千年の歴史と、これまでの六千年の聖書歴史を蕩減復帰したのです。このような蕩減を払った後に、ついに、カイン側の国家とアベル側の国家との冷戦が終わったのです。この課業は、世界の百六十カ国が韓国を訪れソウル・オリンピックが開かれた一九八八年に、統一教会によって完了しました。

過去数十年間、私の夫は言いようのない無理解の中で生きてきました。北朝鮮の共産主義治下で強制労働収容所に連れていかれ、三年間も牢獄生活をするなど、神様の仕事をする中で、これまで六度も無実の罪で牢獄暮らしをしたのです。その上言論は、夫が私利私欲のために若者たちを洗脳する悪魔のような者であるといって罵倒しました。

皆様の中で、文鮮明牧師こそ全世界的に最も多く迫害を受けた宗教指導者だということに異議を唱える方はいらっしゃいますか。私の夫がいかなる苦痛を受けてきたのかを思うと、私の胸は張り裂けるように痛みます。しかし、夫はいつも、「神様の摂理を遂行する中で迫害に遭う者に対して、神様は深く理解していらっしゃる」と言い、かえって私を慰労してくれました。夫と私は、旧約時代と新約時代を含む歴史上のすべての失敗を復帰するために、明確な目的をもって蕩減の道を歩んできました。

韓国は旧約時代に例えることができます。一方、アメリカはキリスト教文化が最高に開花した国として、新約時代に例えることができます。最初の二十年間、私の夫は韓国において、イスラエル国家の立場である韓国とユダヤ教の立場である統一教会を中心として、旧約時代の蕩減路程を歩みました。この基台の上に私たちは、一九六〇年に国家的な基盤の上で、家庭的な次元の真の父母の聖婚式を挙行しました。

その後、一九七一年に、夫と私はアメリカに来ました。過去二十年間私たちは、アメリカで新約時代を完成し、成約時代を出発するための蕩減路程を歩みました。その結果、私たちは、神様を中心とした真の愛、真の生命、真の血統の根源となる真の父母の家庭を探して立てることができたのです。

統一教会が貢献したこと

神様が私の夫に明らかにしてくださった「原理」が、『原理講論』という本として出版されています。摂理史的観点から、人類歴史と聖書の内容を考察するとき、『原理講論』は、数千年間人類が解き得なかった疑問を解いてくれます。特に、『原理講論』の内容を真剣に研究した人たちは、この本こそが、神様が下さった真の贈り物であり、今日、私たちの社会が直面している問題を解決できる唯一の解決策が載っていると強調しています。

また、ほんの少し前まで共産主義を信奉していた国々においても、数多くの旧ソ連時代の政府指導者たちと数千人の若い青年たちが、「神主義」または「頭翼思想」として知られている私たちの教えを研究し、新しい人生を見いだしています。ついに共産主義思想の抑圧から解放された彼らは、自分たちの国家を導いてくれる霊的な真理を渇望しているのです。それ以外にも、若者たちに希望を与え、新しい生命を植えつけてくれる『原理講論』の威力に対する証しは、数え切れないほどたくさんあります。

昨年私たちは、韓国で三万組の合同結婚式を挙行したのですが、彼らは、命を懸けて互いのために、そして世界と神様のために生きようと立ち上がった人たちです。今日、多くの家庭では、親でさえ子を正しく導くことができない状態になっています。特に、愛や結婚などのような個人的な問題については言うまでもありません。しかし、夫と私は世界百三十一カ国から若者たちを呼び集め、歴史的な儀式を経て、彼らの最も大切な愛の夢を成し遂げてあげたのです。

この出来事こそは、まさに現代における偉大な奇跡です。将来、人々がこのように貴い家庭の価値を理解するようになる時には、数百万人の人々が、このような祝福結婚を望むようになるでしょう。神様はそのような家庭を通して、サタンが破壊してしまった家庭を復帰されるのです。このように、神様を中心として復帰された家庭が集まって、理想国家と理想世界を構築するようになるのです。

真の父母を迎える世界的基台

親愛なる皆様。イエス様がメシヤの降臨について語られた内容を見ると、新郎が来るのを待つ新婦の例え話があります。これは復帰されたアダムとエバとして、本来の男性と女性の位置が立てられ、真の男性と女性の平等圏まで行くことを意味します。最初にキリスト教が新郎を迎えることに失敗したので、神様の摂理は一九九二年まで四十年間延長されました。このような復帰歴史上の転換点で、真の母の位置にいる女性が真の父を迎える世界を準備しなければなりません。

そうして、一九九二年の四月、夫と私は「世界平和女性連合」を創設しました。昨年一年間、私は真の母の心情でロシアと中国はもちろん、韓国、イギリス、アメリカ、フランス、日本、ドイツ、イタリアを訪問しました。

各国で女性たちを集めて糾合し、「世界平和女性連合」の支部を創設しました。このようなことを中心として、第二次世界大戦と冷戦以来、カインとアベルの関係に分かれていた国々が、真の母を迎えて真の父に侍る基台を造成するために再び一つになったのです。このような基台の上に、夫と私は最初の真の父母として世界的な水準に上ることができました。私たち夫婦は、真の父母として成約時代を先導しています。

このような歴史的な転換点に立った私たちは、神様を中心として個人の心と体が統一されなければならないという原理を、世界的な次元で実践しなければならないのです。このような目的を達成するため、私たちは世界平和を具現する二つの組織を創設しました。

「世界平和宗教連合」は心の世界を代表し、神様の愛を基盤として世界の宗教を一つに結ぶ内的使命を帯びている組織です。一方、「世界平和連合」は体の世界を代表し、世界的な政治界、経済界、言論界、学会、科学、芸術分野の指導者たちと共に理想世界を建設する外的な使命を帯びています。

真の父母の家庭的基台の完成宣布

縦的な観点から愛を見るとアダムとエバは、自ら子女の愛、兄弟姉妹の愛、夫婦の愛、父母の愛の四大愛を啓発し、体恤(たいじゅつ)することによって、神様と直接、関係を結んで生きるようになっていました。したがって、アダムとエバは、本来、神様の真の愛を中心として、四大心情圏である完成した子女、完成した兄弟姉妹、愛する夫婦、そして完成した父母の心情圏を経なければならなかったのです。そうして、彼らは完成した家庭を築かなければなりませんでした。

アダムとエバは、家族たちの模範となる生活をしなければなりませんでした。子女たちは、親である彼らを理想的な標本として、侍(はべ)って生きなければならなかったのです。子女たちは、親が自分たちを愛するように、互いに愛し合う兄弟姉妹となっていたでしょう。結婚した夫婦としても、その親の愛を手本として、理想的な夫婦間の愛を学んだはずでした。最後には彼らも子女を生むようになり、彼らの親が見せてくれた先例に従って、もう一つの完全な家庭を完成していたはずです。父母と子女、兄弟と兄弟、そして夫と妻が、縦的、横的両面で一つになった、理想的で破綻のない家庭を完成することによって、私たちは、地上はもちろん、天上までも天国を建設できる基台を造成するようになるのです。そうして、神様を中心とした一組の先祖から生まれた世界のすべての家庭は、アダムとエバと同じく、神聖な価値を持つようになるのです。

完成した各家庭では、祖父母は神様と善の先祖を代表し、王と女王の位置に立つようになるでしょう。

父母は現在の人類を代表し、王と女王の位置に立つようになります。そして子女は未来の子孫たちを代表する位置で、王子と王女の位置に立つようになるのです。この三代が一つになるとき、過去、現在、未来が共に仲むつまじく暮らすようになるのです。

紳士淑女の皆様。私はきょう、人類最初の真の家庭の完成を皆様に宣布することができ、大変光栄に存じます。

夫と私は十四人の子女と二十人の孫と共に、神様と人類のために絶対的な信念を持って献身していいます。三代が一つの家庭で共に暮らしながら、私たちは家庭的な次元で、聖書に言及されている生命の木の中心の根、中心の幹、そして中心の芽を確立しました。皆様も、理想国家と理想世界を創建するための私たちの努力に協力し、それによって、このような善の血統に象徴的に接ぎ木されることを心から願います。また、それはまさに成約時代の出発を意味するのです。

氏族的メシヤによる家庭理想の実現

紳士淑女の皆様。成約時代が開かれる今の時代は、世界救援摂理を完遂するメシヤ的使命を各家庭が果たさなければならない時です。皆様の家族を復帰した後に、皆様の氏族と国家と世界を救わなければなりません。私たちはこのような使命を持った人を「氏族的メシヤ」と言います。

成約時代においては、母の役割が重要です。母は子女と夫を一つに結び、家族を真の父母と連結しなければなりません。既に私たちは、数多くの氏族的メシヤを全世界に派遣しました。遠からず、本然の家庭理想が全世界で実現されるでしょう。世界が成約時代へと突入すれば、私たちは再び神様に侍(はべ)って生きるようになるでしょう。

これを悟った私たちは、心と体、父母と子女、そして夫と妻が一つにならなければなりません。そうして、神様の愛を中心とした理想家庭を完成することができるのです。

そのような家庭が立てられれば、今日、腐敗し、病んだ社会の兆候がきれいになくなるのです。神様の子女としての確信を持つことで、これ以上アルコールや麻薬中毒などの誘惑に陥ることはないでしょう。そして、夫婦間の愛の神聖さを知るようになるので、私たちはいかなる類いの不倫や乱れた性生活にも対処する、強い道徳観を確立するようになるでしょう。

最後に、私たちは一つになって、戦争、人種差別、世界的飢餓のような問題を根絶するために活動していきます。このような基台の上に、私たちは真の幸福の世界、真の自由の世界、真の平和の世界を具現できるようになるでしょう。そのような世界では、窮乏する人を心から同情し、世界各国は世界の平和と正義を維持するために自然と互いに協力するようになるのです。

今日、私たちがボスニア・ヘルツェゴビナ紛争で見る悲劇と同じような状況が起これば、効果的に物質的支援をし、事態を平和的に解決できるよう、関係諸国に迅速に統一された決定を下すことを断固として促します。そうして、これが人類に対する神様のビジョンであることを理解し、苦痛と葛藤で苦しむ世界の各地に平和と和解が実現するよう、すべての国が神様に侍り、一つの共同体として団結しなければなりません。

敬愛する御来賓と紳士淑女の皆様。きょうこの場にお集まりになった皆様は、たとえ宗教が異なり、国籍が違ったとしても、深い心情で心の扉を大きく開き、私がお伝えしたメッセージを理解してくださることを願ってやみません。神様のみ旨に従い、私たちが神様の祝福圏にまで進むことができるよう切に祈ります。皆様と皆様の御家庭と国家に、神様の祝福が共にあることを願います。どうもありがとうございました。

18　真の愛による世界平和の実現

一九九三年九月十三日
日本・東京

＊「世界平和女性連合」創立一周年記念晩餐会で講演されたみ言

尊敬する議長、マッカーサー大使、御来賓の皆様、そして紳士、淑女の皆様！

今晩、私は「世界平和女性連合」を代表して、皆様に御挨拶できますことをとてもうれしく思っております。「世界平和女性連合」は、昨年創設されて以来、既に世界の百二十カ国に支部を有する組織となっております。

世界の希望は女性に

数年前、世界はベルリンの壁の劇的な崩壊と、世界的に拡大した共産主義の終焉を目撃しました。冷戦が終わるのを眺めた時、多くの人々は歴史上初めて、この地上に真の平和が実現されるものと、希望を持ちました。

しかし、現実には、かつてない多くの人々の苦しみがあるのです。冷戦終了後の世界は紛争や飢餓や貧困に満ちています。共産主義との理念の争いは終わったとしても、異なる民族や宗教間の憎悪と不信の壁は一層厚くなり、社会や民族の間を引き裂きつつあります。

その上、倫理、道徳はかつてなく退廃しています。世界中の家庭や社会が麻薬や十代の妊娠、不倫などの問題に直面しています。のみならず、現在の世界のどの指導者も、このような人類の精神の危機に対して、真の解決策を提示できないでいます。将来に対する明確な方向性がないままに、人類は暗闇の中でもがいているのです。

しかし、「世界平和女性連合」は、希望の光をかざしています。人間存在の最も根本的な問題に取り組むことによって、明確な解決策と将来のビジョンを提示しているからです。

私はこの一年余りの間、世界十二カ国の百六十以上の都市で、百万人を超える女性指導者たちに講演をいたしました。そして、神様を中心とした真なる家庭をつくるために、世界中で女性こそが道徳を指導する立場に立たなければならないことを強調してまいりました。

どの都市においても、多くの女性から温かい声援と熱心な支持を頂きました。共通していたのは、単なる危機感のみでなく、実際にこの世界を変革するために献身的に努力したいという決意でした。私は世界の女性にこそ、将来の大いなる希望があることを知っています。我が女性連合はこの希望を現実の強力な力に変えて、人類を救おうとするものです。

愛と許しに向かうのが女性の特性

日本においても、「世界平和女性連合」は、その理想を行動に表して、献身的な努力をなしてきました。日本で勉強する留学生のために、数多くの奨学金を提供したり、ユニセフが世界の子供たちのために巡回学校をつくるのを援助したりしてきました。それだけでなく、生活苦に直面している人々を支援するために、衣類、その他の物資を何トンも送ってきました。

また、そうした努力以上に、この世界をより良い世界へと変革する意欲を女性に持たせるための教育に最大の努力を傾けてきました。

一般的に言って、女性は自分が世界の市民であるとは考えないものです。家族の世話や家事をするのがほとんどで、それ以外のことで女性が期待されることはあまりありません。しかし、今日のように地球が一つの村のようになっている時代においては、女性もかつてないほど世界の出来事に密接に関係するようになっています。

この世界をより良くするために、女性はより多くの貢献をなすことができます。女性は本質的に、愛と忍耐と許しに向かおうとする特性を有しており、あたかも海洋が大陸を包むように、世界をかき抱くことができるからです。

子供を育てるために献身し、犠牲さえもいとわない女性の本能的な特性が現在、指導者のレベルにおいて、絶対的に必要とされています。これまで女性は、社会においてより高い倫理道徳を求められてきましたが、それはこの点において、男性よりも女性のほうがもっと責任感が強いからです。この美徳を活かすことによって、女性は人種や宗教や地域の差異を超えて、指導力を発揮することができます。だからこそ、世界平和の推進において、女性こそが主役を演じなければならないのです。

世界の家庭が危機に直面

第二次世界大戦後、日本は奇跡的な経済発展を成し遂げましたが、このことは社会の発展において、価値観がいかに重要であるかを示しています。日本の文化と国民性の特徴は、家庭と国家を尊重し、より高い目的を中心として一致団結することにあります。

このような価値観が、日本の家庭や学校で教えられるだけでなく、言論機関によって社会環境の中で強化されています。戦争で荒廃した日本が、短期間のうちに世界の経済大国となることを可能にした鍵は、西洋社会の個人主義とは対照的な、このような文化的価値観にあったのです。

しかし、現在、日本は岐路に立っています。社会をまとめ、支えてきた文化的なきずながだんだんと衰退しつつあります。日本を偉大な国にした価値観が、次第に、個人のみに重点を置く、利己的な価値観と生活様式にとって代わられつつあるのが現状です。

悲しいことに、日本における家庭のあり方も危機に直面しています。過去二十年間、道徳と倫理の水準が着実に低下してきました。年を経るごとに、これまでの社会を支えてきた価値観の構造が弱体化し、道徳が相対主義に陥りつつあるのです。

御承知のように、家庭のきずなが絶滅の脅威にさらされているのです。これは単に日本においてのみでなく、世界中に見られることです。年々増加する離婚率は、このことを示しています。夫婦はお互いの結婚に対してほとんど責任を感じなくなり、親は子供に対して本来持つべき責任を持とうとしなくなりつつあります。

のみならず、人間の尊さをわきまえない個人は、自分自身に対しても責任を取らなくなります。そのような家庭において、親は子供にとって理想的な模範となることができません。その結果、子供たちは成長してから自分の親に対して反感を持つようになり、しばしば犯罪、麻薬、フリーセックスに走ることになるのです。

必要なのは神様による真の愛

皆様、家庭の基礎は何でしょう。それは真の愛です。真の愛とは、他のために生きようとする無私の愛を特性とします。それは、絶対的であり、変わらないもので、利己的な愛や未熟な愛とは正反対です。真の愛は家庭を一つに保つ唯一の力です。夫婦が真の愛の中で一つになるとき、その結婚は永遠となります。親が真の愛を持つとき、子供たちのために喜んで自分を犠牲にします。のみならず、真の愛で育てられた子供は、親からの愛を相続し、成長してから親を心から敬い、家族を尊敬するようになります。このような神様の真の愛を中心とした家庭こそが理想的な社会、国家、世界を築く基礎となるのです。

私たちには神様の息子や娘として生きるべき価値観が必要です。こうした価値観を受け継ぐためには、親である神様を知ることが絶対に必要です。神様から離れてしまっているがゆえに、人類は神様から相続すべき真の愛を失って、利己的な世界に生きるようになってしまいました。

神様なしでは、人間の尊厳性の根拠が失われてしまい、人間は動物と何ら違いがなくなってしまいます。神様と一つになることを求めることによってのみ、人間はその本性を取り戻す希望を持つことができるのです。

私の夫である文鮮明（ムンソンミョン）師は、人類を神様のもとに連れ戻すために、全生涯を捧げてきました。夫は、真の永続する世界平和は神様との関係を持つことによってのみ達成できるものであることを常に説いてきました。すべての宗教、人種、民族間に調和をもたらすために、生涯を捧げてきました。代価を期待することなく、ただ他のために生き、常に自己犠牲の道を歩むことによって、激しい反対や不正な迫害を多く受けたにもかかわらず、神様と世界平和のために献身する個人と団体から成る、世界的な運動を築き上げることができたのです。

神様の本来の願いは、子たる人間と一つになって、人間のあらゆる経験を共に分かち合うことである、と私の夫は教えています。心と体が神様の真の愛と一つになった個人は、そのすべての行動の中で、真の愛を現すようになります。そのような人は、神様の代わりとなって、あらゆる人々との関係においても神様の愛を現すようになるのです。

今は理想的な家庭が実現する時代

皆様、私は過去三カ月の間、アメリカ五十州を巡回し、また、アメリカ連邦議会および国連本部で講演して、成約時代の夜明けが来たことを宣布してきました。

神様が、真の家庭を築くようにと人類の始祖に与えた約束を、人類が成就することのできる時が来ています。今、私たちは人類史における歴史的な転換点に立っています。神様の子供として、私たちは今や男性も女性も共に神様を見いだし、神様と共に真の愛の中に生きることができます。今、私たちは、神様と共に新しい永遠の時代に入りつつあるのです。

私の姉妹である女性の皆様、真の愛と真の家庭を実現するためのこの努力において、世界の女性が指導的な役割を果たさなければなりません。真の娘、姉妹、妻、そして母親としての模範的な存在となることによって、男性を真の息子、兄弟、夫、そして父親へと変えようではありませんか。そうすることによって、私たちは神様の愛を中心とした理想的な家庭を実現するのです。

そのような家庭ができるにつれて、現在の乱れた社会の病的な状態は自動的に消え去るでしょう。自信と確信を持った神様の子供として、私たちはもはやアルコールや麻薬の誘惑の奴隷となることはないでしょう。

それだけでなく、夫婦間の愛が神聖であることを理解することによって、私たちは不倫や浮気に対して強く立つための道徳的な力を得ることになるでしょう。そして最終的に、私たちはみなで力を合わせて、紛争や人種差別や世界の飢餓を絶滅させるのです。

「世界平和女性連合」は、皆様の助けを得て、喜びと幸せの世界をつくります。それが人類に対する神様のビジョンであることを理解して、世界中のあらゆる所に平和と自由をもたらすために、共に手をつないでいきましょう。

神様の祝福が、皆様と皆様の家庭の上にありますようにお祈りいたします。ありがとうございました。

19　一九九三年は特別な年

一九九三年九月十八日
日本・東京、松濤本部

＊歓迎昼食会の席で語られたみ言

皆さん、み言を通してよくご存じだと思いますが、一九九三年は特別な年です。私たちの家庭が神様に侍って生きる時代です。堕落した人間にとっては、どれほど驚くべき、厳粛な、想像もできない祝福の時代が到来したことでしょうか。しかし、我々の家庭、我々の国は、どのような状態にあるのか考えてみてください。

神様がアダムとエバを創造されて、どれほど喜ばれたことでしょうか。どれほど大きな希望と夢を抱いて、日々成長していくアダムとエバを御覧になっていたでしょうか。しかし、思いがけないエバの堕落によって、その瞬間から神様は目の前が真っ暗になってしまったのです。

全知全能の神様として、堕落した人間を切り捨てることができず、再び人間を探し求めてこられた歴史が六千年です。言葉では六千年と言いますが、神様としては、本当に暗闇の悲惨な歴史路程を耐え忍びながら、本然の世界を待ち望んで、歩んでこられた歴史であるということを、皆さんは知らなければなりません。

千辛万苦を重ね、イスラエル民族を立てて、イエス様を送られましたが、結果的にユダヤ教とイスラエル民族がイエス様を受け入れることができず、神様は再び暗闇の苦しみを感じざるを得ませんでした。それでも、イエス様の十字架以後、二千年の間、多くの預言者たちを通して、このキリスト教の歴史を導いてこられたのです。そして、第二次大戦以後、神様御自身がみ旨を成すための基台を造成し、一人のお方を送り、摂理歴史を始められました。しかし、キリスト教が受け入れることができず、そのお方は十字架の道を行かざるを得なかったのです。その姿を御覧になる神様の心情はいかばかりだったでしょうか。再び、どん底に落とされ、暗黒の世界に追われていく、そのような心情ではなかったかと思うのです。

再び、どん底からはい上がってきた統一教会の四十年の歴史、真のお父様の四十年の歴史こそ、血みどろの逆境の路程であったことを、皆さんはよくご存じでしょう。日本統一教会の歴史も三十年が過ぎました。年数から見ても成長したと思います。

その間、全世界の統一教会の食口（シック）たちも同じだと思いますが、あまりにも父母様と心情的に距離が遠く、一つになれず、お互いに自分を中心として、自己中心的な生活をしてきたのです。ですから、その過ぎし日々を反省しなければならないと思うのです。天の立場から見るならば、堕落した人間は二度と見たくないし、会いたくない存在なのです。しかし、それでも許し、立ててみ旨を成してくれることを願いながら、切ない思いで私たちをなだめすかしたりして、導いてくださる真のお父様の愛の前に、私たちは感謝しなければなりません。

一九九三年は、とても難しい立場の中において勝利した真の父母の基台の上で、このような時を私たちに与えてくださっていることを考えてみるとき、皆さんはどれほど喜びが大きいことでしょうか。地を踏んでいるのか、空を飛んでいるのか分からないほど、喜びと感謝の心で生きなければならないのが、今の皆さんの立場なのです。

今、この時間も、お父様はアラスカで夜も眠らずに、全身全力を投入されながら、日本から来た修練生たちと共に過ごしていらっしゃいます。さらに、皆さん、考えてみてください。私の日本における講演の時間が、アラスカでは夜の時間です。お父様がその時間に合わせようとすれば、夜を明かしてしまうのです。それが、一日、二日でもなく、一カ月も続くということは、若い人にさえ難しいことです。お父様の年齢としては、大変無理をしていらっしゃるのです。皆さん、肉身は誰も同じなのです。

神様が摂理歴史を完成させるために、再臨主を送ってくださったわけですが、このように、どん底から骨身に染みる路程を一生涯歩まなければならない再臨主として、私たちに送ってくださったのではありません。人間が成すべき責任を果たせなかったために、お父様御自身が、すべての重荷を背負わざるを得なかったということを考えてみてください。

特に、皆さんは祝福を受けた子女の立場です。皆さんの肉身の父母が一生涯を血と汗と涙を流しながら苦労しているのに、一時も楽にしてさしあげることができずに、もしこの世を去らせたとするならば、それ以上の親不孝はないと思います。皆さん、よろしくお願いいたします。

今まで、日本がみ言(ことば)に従って、多くの難しい苦難の中を努力してきたことを知っています。皆さん、考えてみてください。御飯を作るとき、御飯がおいしく炊けるまでは、お湯が沸き、ガタガタと音を立てながら、御飯が炊けていくのではありませんか。それと同じように、皆さんが今、日本で反対を受けているというのは、皆さんと日本を天の前に成長したエバ国家として、責任を果たせる日本として立たせるために、サタン世界でむち打たれているということです。ですから、皆さんは感謝してこの試練を乗り越えていかなければなりません。

そのようにして、父母様に誇らしく、そして、天の前に責任を果たすことができる堂々たるエバ国の皆さんになれますように、切にお願いいたします。皆さんは、このみ言を朝夕に読んで、このみ言と一致した立場で、一日を生活してくださることをお願いいたします。

二千年の間、クリスチャンが、どれほど再臨主を待ち望んだことでしょうか。しかし今、私たちにおいては、神様と真の父母に、「私」の家庭において侍(はべ)ることのできる時代が到来したのです。それはどれほど驚くべきことでしょうか。

私は、このみ言をアメリカをはじめとして繰り返し語ってきましたが、このみ言を語れば語るほどに、堕落した人類にとって、神様を自分の家庭に迎えて侍ることができる時を迎えたということは、まるで夢のように感じるのです。五十億全人類が、共に真の父母に侍って、天のみ前に賛美できるその日が、目の前に来たということが感謝でなりません。

そして、このみ言を知らない人がこの地上に一人もいなくなるまで、叫びながら宣布していきたいのが私の心情です。皆さんも、このような心情をもって、一億二千万の人々がみな、このみ旨を受け入れて、神様と父母様に侍ることができるように総進軍、努力してくださるようにお願いいたします。

重ねて言いますが、神様は私たちの前に来ていらっしゃいます。侍るか侍らないかは、「私」自身の問題です。ですから、熱心に努力してくださるようにお願いいたします。そして、今年（一九九三年）の末までに、皆さんは最善を尽くして、父母様に自由に侍ることのできるエバ国・日本になれるように、あらゆる精誠を尽くしてくださるようにお願いいたします。

皆さんは、アメリカでの巡回講演の話を聞いているかもしれませんが、神様は私たちに多くの奇跡をもたらしてくださいました。皆さんの前にも、神様は奇跡をもたらしてくださることでしょう。いつも、皆さん自身が問題であることを考えてください。分かりましたか。私を泣かせたので、誰か歌を歌って、慰労してください。

20　世界平和は真の家庭から

一九九五年九月十三日
日本・東京

＊「世界平和女性連合」創立三周年記念晩餐会で講演されたみ言

ジョージ・ブッシュ（元）大統領御夫妻、外交官、御来賓、そして紳士、淑女の皆様！

きょう、「世界平和女性連合」は、創立三周年を記念する意義深い場を設けることができました。今まで本連合の成長のため、様々に声援を送ってくださった皆様すべてに、心から感謝を申し上げます。

三年間の大きな変化

過ぎし三年間にわたり、「世界平和女性連合」は百六十三カ国に支部を置いた世界的な組織として、既に驚くべき発展を成し遂げました。

初め、私たちが出発するときは、「女性連合」というその名自体に多くの人々が懐疑的でした。まず「女性連合」という言葉自体があまりに大げさな名だというのです。さらに、女性たちが世界平和を論ずるということは、想像することさえ困難だというのです。「女性」とは、家の中で夫と子供たちの面倒を見て、「家庭の平和」だけを成し遂げても、期待以上だという思考方式でした。

しかし、世の中は非常に変わりました。今日の女性たちは、家庭の面倒を見ながらも、調理師から仕立て屋（洋服屋）、運転手まで、または教師、弁護士、会計士、そして政治の一線に立っても国会議員、大臣の仕事まで、てきぱきと上手にこなしています。大統領、首相の職務であっても、任せられさえすれば、かえって男性よりも上手にすることができると思います。

ただ、女性たちに、男性たちより一つだけ異なる点があるとすれば、女性たちはいつも、人よりも前に出しゃばらないということです。あらゆる機会を、いったん男性たちに先に譲歩してきたという点です。違いますでしょうか。

男性の援助に感謝

過ぎし三年間は、私たちすべてに多くのことを学ばせてくれた大変貴重な期間でした。

宣伝する方法も学び、組織をつくる技術も身につけました。様々な団体、または他の国の機関と協力することにも慣れ、討論会を進行することにおいては、既に専門家になりました。もちろん、この期間、夫たちも家庭で多くのことを学んだと信じます。赤ん坊のおむつを、ほど良い時に換えることだとか、洗濯をきれいにすることが、それほど簡単ではないということを会得したことでしょう。

きょう、この場で明らかなことは、このように犠牲的に世話を焼いてくれた夫たちの支持と声援がなかったなら、私たち女性連合はこのようには多くの事柄を成就できなかっただろうという点です。
女性の皆様！　男性たちに熱い感謝の拍手をお送りください。

核心は真の家庭運動

「世界平和女性連合」は文字どおり世界的な平和運動機構ですが、その運動の核心は真の家庭運動です。私たちは真なる家庭がすべての平和の根本だと信じます。ですから、私たちは、まず人類を一つの兄弟姉妹として結ぶための努力の一つとして、国際姉妹結縁運動を展開してきました。

昨年は、日本と韓国の女性たち十七万九千組が姉妹結縁をしました。そして今年は、日本の女性七千人余りが十数回にわたってアメリカを訪問し、アメリカの女性たちと姉妹関係を結びました。第二次世界大戦終結五十周年記念行事の一環として計画されたこの行事は、今年の末まで続けられます。そして、この姉妹結縁運動は世界の全域で一層活発に展開されることでしょう。

今、世界の女性たちが姉妹になっています。もし、女性たちが姉妹になるなら、男性たちは互いに争うことはできません。世界の女性たちが互いに一つになるなら、国家間において互いに銃で狙うことはできないし、父母たちは彼らの息子、娘たちを地に埋める苦痛をこれ以上経験しなくてもよくなるでしょう。

兄弟姉妹の皆様、二十一世紀を目前にして、私たちは今、困難な峠を越えつつあります。冷戦は終わりましたが、世界はずっと紛争と貧困、飢餓で満ちています。人種、宗教、そして文化間の葛藤が増えています。一層深刻な問題は、世界が価値観と道徳性の混乱に巻き込まれているということです。麻薬、十代の妊娠、ホモセクシュアル、そしてフリーセックスなどによって引き起こされるエイズは、すべての社会を威嚇しています。他方、毎日五万人もの人々が飢えで死んでいます。そのうち、三万五千人は五歳未満の幼い子供たちです。

解決策は真の家庭に

生活水準が高い先進国だとしても、深刻さは同じです。数世紀の間、社会を統合し、成長させてきた文化的な輪が弱くなっています。一つの国家を偉大に成長させたその強みが、今日には個人を過度に強調する自己中心的な生活態度に変わっています。

このようなすべての問題の背後には、深刻な霊的危機が潜んでいます。このような危機は、私たちが経験した過去のどのような戦争よりも全般的であり、防ぎ難いものです。政治や経済、教育的方法だけでは十分な解決策になりません。「世界は、人類の生存と破滅を分かつ交差路に差し掛かっている」と言っても過言ではありません。

現代社会のどのような指導者たちも、このような人類の根本的な問題に具体的な解決策を出せずにいます。では、真の解決策はどこで探し出せるのでしょうか。それはまさに、真の愛を中心とした真の家庭です。神様の真の愛を中心として夫婦が一つとなり、親子が一つとなって築かれた真の愛の家庭が、すべての平和の根源になるのです。

このような真の家庭運動を広げるために、日本の女性連合の若いボランティア会員千六百人が、世界百六十カ国で熱心に働いています。国ごとに問題は異なりますが、彼女たちは真の愛の精神に基づいた教育活動や他の様々な社会奉仕活動を通じ、家庭を強化することに渾身（こんしん）の努力を傾けています。彼女たちが世界に果たした貢献は、決して忘れられることはないでしょう。

親であることの誇り

私は「世界平和女性連合」の創始者ですが、私の最も主たる職務は、母としての役割です。ほかの仕事を考える前に、私は自らを十四人の子女の母、そして二十二人の孫の祖母だと考えます。

ブッシュ（元）大統領御夫妻の御子息が、先回の選挙でテキサス州知事として選出されました。ブッシュ大統領はアメリカの副大統領、大統領職を歴任し、ブッシュ夫人は令夫人としての役割を立派に果たしてこられましたが、この方々が、ただテキサス州知事の父母としてだけ人々に紹介されたとしても、そのことがブッシュ大統領御夫妻を不快にするでしょうか。私はそうではないと、皆様にお話しすることができます。

実際、このような紹介を受けるとき、お二人はむしろ一層誇らしく、心にあふれる喜びを感じることでしょう。このようなことを可能にさせるのが、まさに真の愛です。

真の愛は、人のために生きようと努める犠牲的愛を伴います。このような愛は、絶対的であり、不変であり、家庭を一つに維持する地上の唯一なる力です。一人の男性と一人の女性が、この真の愛の中で一つになるとき、彼らの結婚は神聖で永遠なものとなります。

女性が世界平和の先頭に

女性たちは天賦的に愛と忍耐、そして許しの属性を持ち、太陽が地球を覆うように、世界を覆うことができます。子供を育てるのにすべてを捧げ、犠牲を恐れない女性たちの特性は、まさに今日の世界の指導者たちに必要なものです。

さらに女性たちは、人種と宗教、地域間の利害関係を超越して、真なる家庭を建設する知恵と犠牲精神を持っています。今、女性たちが世界平和の追求に先導的役割を果たすべき時が来たのです。

もし、私たちが真なる娘、真なる姉妹、真なる妻、そして真なる母として模範的な女性となるなら、男性たちはより良い息子、兄弟、夫、そして父となることでしょう。

このような人々と共に、私たちは健全で愛らしい家庭をつくることができます。このような家庭が増え、より多くの人々が良い家庭の重要性を認めるとき、社会の多くの問題は解決するでしょう。私たちの子女たちがこれ以上、飲酒、麻薬、そして紊乱（びんらん）した性の誘惑の奴隷になることはないでしょう。

また、夫と妻が真の愛で一つとなり、真の家庭を築くとき、私たちはこの社会の不道徳と混乱した愛の秩序に、一層強力に立ち向かうことのできる力と勇気を得るようになります。

そして、家庭と社会が健康を回復するようになれば、私たちは力と知恵の多くを人類の葛藤や人種差別、世界の飢餓問題の解決などに集中することができるのです。

「世界平和女性連合」は、すべての人々が真なる平和世界の建設のために、その努力を最大に発揮できるよう、あらゆる努力と精誠を尽くす覚悟ができています。

親愛なる女性連合の姉妹の皆様！　全世界の女性たちと共に新しい世界の創造のために前進を誓いましょう。私たち皆が愛と勇気を持ちましょう。

神様の祝福が皆様の家庭に共にあらんことを祈ります。ありがとうございました。

21　真の家庭と私

一九九五年九月十四日
日本・東京、東京ドーム

＊「世界平和女性連合」創立三周年記念大会で講演されたみ言

満場の内外貴賓の皆様！　このように意義ある場でお話しできますことを、この上なくうれしく思うものです。今、世界平和と人類の理想世界建設のために和合と統一の志を立て、平和な世界を成すために、先頭に立たなければなりません。きょう、私はこの講演を、皆様と隔たりなく、平素、私が考えてきた「真の家庭と私」という主題でお話ししようと思います。世界で問題となっているのは家庭ですが、真の家庭とはどのような家庭かということを中心として、お話ししたいと思います。

真の家庭とはどのような家庭か

「今、私たちが生きている世界は、善の世界か、悪の世界か」と尋ねてみれば、誰もが「悪の世界である」と答えるでしょう。なぜ、悪の世界なのでしょうか。全世界の歴史を見ても、一国の歴史を見ても、どの国の歴史を見ても、戦争によって綴（つづ）られてきたという事実を、私たちは知っています。戦争を通して争うという事実は、一つの平面的な基準から落ちていくということです。そして、世界が悪であるとすれば、私たちの国も悪であるという話であり、その国の人も、私たち自身も悪であると言わざるを得ないのです。

私たち自身をよく見れば、私たちの体と心も闘っているという事実を否定できません。そうだとすれば、この闘いの起源はいったいどこにあるのかということが問題にならざるを得ないのです。「私」自体内に紛争があって平和の基地を持てないときは、いくら家庭が平和で、国と世界が平和だとしても、幸福になり得ないというのです。

皆様がご存じのように、第一次、第二次、第三次世界大戦（注：第三次は冷戦を意味する）も終結しました。また、戦争中でも、いくらでも休戦はできますが、私たちの体と心を中心としたこの闘いは、昔から歴史を経て、現世はもちろん、未来まで続き得る闘いであることを、私たちはまるで知らずにいたのです。このような問題を中心として考えるとき、神様がいらっしゃるのであれば、私たちの体と心の闘いが、なぜこのように歴史性を帯びて続くようになったのかということが大きな問題になります。人間が罪を犯したというとき、罪を犯した人がそれを蕩減（とうげん）しなければなりません。罪を犯したこと自体に神様が責任を負い、干渉することはできないのです。

それでは、体と心が闘う起源地はどこでしょうか。私たちの生命は父母から受け継ぎましたが、また父母を遡っていけば、第一代の私たち人類の先祖の位置まで遡るようになります。すなわち、第一代の先祖であるアダムとエバの夫婦の愛に問題があったために、このようになったと見るのです。生命の起源は父母の愛によって始まります。ですから、私たちの生命が出発する前からこのような闘いが始まったと見るならば、父母が愛し合うその場が問題になったという事実を、私たちは考えざるを得ません。アダムとエバの愛が喜びの愛になれずに、相反する愛の起源となって生命の根が打ち込まれたことによって、私たち人間自体の紛争が始まったと言わざるを得ないのです。

聖書は、アダムとエバが堕落することにより、エデンの園から追い出されたと記しています。追い出された人類の先祖が、子女を繁殖したのは事実です。追い出したアダムとエバについていって、神様が結婚式をしてあげたはずは絶対にありません。誰のもとで結婚式をしたのだろうかと考えるとき、堕落することによってサタンのもとで結婚式をしたということを、私たちは認めざるを得ないのです。

体と心、夫婦、子女統一を願う真の父母

堕落は、サタンによってエバが誘惑され、その誘惑されたエバがアダムを誘惑したところから始まりました。ですから、私たちの先祖であるアダムとエバが愛を中心として夫婦関係を結ぶとき、喜びの関係ではなく、相反する関係で結ばれることにより、その関係に根を置いている私たち人間も、体と心の闘争の起源を連結せざるを得ないという事実は、何よりも理論的なのです。

堕落は淫乱によって始まりました。このような願わない愛の関係によってサタンと一つになり、善の先祖になれずに悪の先祖となって、悪の愛と悪の生命と悪の血統の根を持つようになったのです。この

ようなことが事実であれば、堕落した子孫である人類が、家庭を越えて、氏族を越えて、国家と世界まで発展した今日、五十億の人類はサタンの子孫であり、悪の父母の血統を受け継いでいることを否定できないのです。私たちの体の中に、神様が最も嫌うサタンの血が蠢動（しゅんどう）しているという事実を、誰も考えられませんでした。これが問題です。

それでは、この根をどのように清算するのでしょうか。サタンが愛の根をどこに打ち込んだのかというと、体、すなわち肉身に根を下ろしたのです。もし堕落していなければ、体と心が一つになるのは自然の道理です。堕落することによって、天に相対する良心のプラスと、これに反対する体のプラスが衝突しているために、ここから闘争の歴史が始まったという事実を、私たちははっきりと認識しなければなりません。

このため、神様は善悪の分立歴史を展開せざるを得ないのです。神様は公的であられるので、全体のために生きる道を選びながら、愛と平和の目的に向かう反面、サタンは私的立場を取り、全面的に善の側を破壊しようとする立場に立って、憎悪と戦争で永遠に人類が天の側に行けないよう、天と地上世界を滅ぼそうとしています。神様は、サタン側に回った人類を打てないので、人類を取り戻すために天の側が打たれて取り戻し、サタンは打って奪われる作戦を採らざるを得ません。サタンは私的なことを中心として、憎悪と闘争によって天を滅ぼすための破壊を、歴史を通して行ってきており、天は反対に公的な立場で、愛と平和によって再創造してきているのです。

終末になれば、サタンは人類を支配してきた立場を天の側に奪われるようになるので、「神はいない」という無神論を提示して、人本主義と物本主義、そして共産主義の出現を助け、天の側の右翼とサタンの側の左翼の闘争を世界的に展開したのですが、天の側の勝利によって、第二次世界大戦以後、キリスト教文化圏の勝利と平和の世界に転換する大変革時代を迎えるようになるのです。

今の時代は個人主義の王国時代です。真の愛を中心として願う天の家庭を完全に破壊させたフリーセックス時代と父母否定時代であり、夫婦否定時代と子女否定時代であり、ホモやレズビアンなど、天の側を完全に破壊する地上地獄の時代ですが、これを天国に転換するためにメシヤの再臨があるのです。そのため、メシヤは真の父母として体と心の統一、夫婦統一、子女統一を願うのです。

神様が願う家庭と「私」と世界を知らなければならない

全世界的に今、問題は、私的にも公的にも、物質が先か精神が先か、無神論か有神論か、観念か実在か、進化論か創造論かということです。これをはっきりさせなければなりません。

例を挙げてみましょう。動物世界を見れば、生まれるとき、目が先に生じます。その目は、物質それ自体です。その目が生まれる前に、太陽があることを知っていたでしょうか、知らなかったでしょうか。その目という物質自体は知りませんでしたが、生まれるときは、先に知った立場で、太陽を見ることができるように生まれたのです。知った上で生まれたというのです。

空気があることを、その目自体は知りませんが、既に空気の中にはほこりが飛ぶことを知っていて、目をカバーするまつげが準備されていることが分かります。そして、目自体は知りませんが、あらかじめ涙を蒸発させる輻射熱（ふくしゃねつ）があることを知り、目に涙腺を置いて防備するようにしたのです。本来の物質自体は知りませんでしたが、生じる前にそのような事実を知った上で生まれたというのです。結論として、私たちはこのことから、思惟（しい）と存在、精神と物体、観念と実在、有神論と無神論、創造論と進化論について論争する問題を解決できるというのです。ですから、確かに神様によって創造されたということを否定できません。そのため、本然の神様の創造理想世界に帰り、神様が願う家庭と「私」と世界をはっきりと知らなければならないのです。

私たちの体と心を見れば、体は地獄の基地になっており、良心は天の国の基地になっているという、この二つの世界の分岐点を持っている人間であることが分かりませんでした。このような立場に立っている私たち自身を見ると、体が心を引っ張り回しているというのです。歴史を通じて、体が心を自由自在に引っ張ってきたというのです。もし良心が強くなれば、自然と天に帰っていくので、世界は既に天のみ前に立つことができたはずだというのです。

また、この良心よりも、肉身が良心を引っ張り回すというのは、堕落するときにサタンと関係を結んだ偽りの愛の力が、堕落するときの良心の力よりも強かったということです。神様はこのようなことをよく知っているために、堕落した人類を放っておくことができず、この体が良心を引っ張り回す力を弱める作戦を行わざるを得ないのです。このように、歴史的に天が働くその救援的な役割を持たせて立てたのが、宗教だというのです。

宗教の目的

神様は、異なる文化的背景に従って多くの宗教を全世界に立てたのですが、心を引っ張り回す体を弱め、その力を取り除くのが宗教の目的であることを、今まで宗教を信じる信仰者は知らずにいたのです。堕落がなかったならば、宗教は必要ありません。誤ったので、これを修正するために宗教が必要だったというのです。ですから、神様は宗教を通して何をしようというのでしょうか。心を引っ張り回すこの体を追い詰めようというのです。

皆様は、宗教を信じることによって救われ、キリスト教を信じることによって天国に行き、仏教を信じることによって極楽に行くと思っています。しかし、天国は神様の真の愛を中心として一つになった子女が入るようになっています。天国に入れるアダムとエバの家庭は、神様の子女として、血族であり、神様の愛を中心とした家庭とならざるを得ないのです。そのような家庭が入る所が天国であることを、今まで誰も知りませんでした。ですから、良心の力を強化するために、この体を打たなければならないのです。良心を解放させ、良心が体を自由自在に引っ張り、堕落していない本然の神様の愛の懐に帰らなければならないというのです。

それでは、宗教がしなければならないこととは何でしょうか。体が最も嫌がることを提示することです。体が嫌がる「断食をしなさい」、「奉仕をしなさい」、「犠牲になりなさい」ということを言うのです。それだけではなく、最後には「祭物になりなさい！」と言います。祭物は血を流すようになっています。

命を懸けることができなければならないというのです。ですから、聖書で「自分の命を救おうとするものは、それを失い、それを失うものは、保つのである」（ルカ一七・三三）という逆説的な論理を教えているのも、肉身が生きるままに行けば地獄に行くのであり、肉身を抑制して良心の解放圏を形成すれば天国に行くという意味です。私たちの体を完全に屈伏させ、良心が絶対的な主体の立場に立つようになれば、私たちの良心は無限の欲望と無限の希望を持つようになっているのです。

今日まで、歴史時代において数多くの宗教があり、数多くの宗教指導者がいましたが、その宗教指導者と宗教を信じる人々は、体を完全に占領して無の状態に立ち、良心を中心として本然的基準で天と相対できる立場に立った、解放された人間になれませんでした。

私たち人間は、堕落することによって偽りの愛の根を中心として野生のオリーブの木になってしまいました。神様の真の愛を中心として根を打ち込むべき人間が、悪魔の愛を中心として根を打ち込んだために、野生のオリーブの木になったという事実を、どのように清算すべきでしょうか。これは現在、生きている私たち人類が解決すべき、重大な宿命的課題として残っているのです。

皆様自身を中心として見るとき、皆様の良心は、皆様のあらゆることについて、知らないことがありません。良心は「私」にとって、父母よりもさらに近い位置に存在することにより、永遠の愛をもって、永遠に神様の懐に抱かれることを願っているのです。世の中の父母は、結婚すれば別れることがありますが、良心は私を中心として、私が生まれる前から私と共に存在し、私を愛しながら、永遠に神様の子女として解放しようとするのです。それが良心の使命なのです。

良心の願いは絶対的中心者を占領すること

良心の世界には、師は必要ありません。ある国の教育を担当する大臣が、「良心を教育しよう」と宣布したという話を聞いたことがありますか。良心が本然の道を行くとすれば、「私」が一生の間、行くべき道をはっきりと知って、間違いなく神様の懐に帰っていけるようにすべて教えてくれ、導いてくれるということです。皆様が良心を中心として見るとき、良心が自分の一生のあらゆることを知っているのと同じように、霊界に行けば、地上で行ったすべての事実がはっきりと分かるようになっているのです。傷のない子女、すなわち永遠なる神様の真の息子、娘になるように働きかけるのが私の良心の使命であることを、今まで知らなかったのです。

霊界に行かない自信のある人はいますか。いずれにせよ、誰もが行くのです。皆様が霊界に入れば、すぐに名前が分かるようになっていて、皆様の一生だけでなく、数千代の先祖も一瞬にして分かるのです。そこは時空を超越した世界なので、良心に背く内容を残してはならないのです。そのため、良心は師よりも優っているという事実を知らなければなりません。

ここには著名な方々と教授が来ていると思いますが、皆様は良心以上に教えてあげられる内容を持っていません。皆様の良心は、航海する船におけるコンパスと同じ役割をしています。皆様の中には、年を取った方々と若い方々がいらっしゃいますが、結婚するとき、相手が自分よりも劣ることを願う人はいますか。いません。また、「愛する相手が自分より十倍優れていることを願うか、百倍優れていることを願うか」と尋ねるならば、ためらうことなく「百倍！」と答えるのです。可能であれば、千倍、万倍、億万倍、もっと優れていることを願うのです。

ですから、良心は最高の愛を求め、絶対的中心者を占領しようとするのです。私たちの先祖も、私たちの子孫も同じです。このような質問を神様にしてみても、同じ答えが返ってくるでしょう。

皆様。欲心と欲望をすべてかなえようとするとき、韓国の国会議員は国家のために大統領になりたいと思い、アジア全体、ひいては世界のために貢献する一番高い立場に立ちたいと思うのが、良心に基づく欲望です。歴史始まって以来、今まですべての人々が、「良心の願いは達成できない、不可能である」という結論を下しています。しかし、レバレンド・ムーンは、「可能である」という結論を下しているのです。

皆様の良心のふろしきはどれほど大きいでしょうか。良心の大きさはどれくらいでしょうか。良心が神様を占領したというとき、それで終わると思いますか。神様よりもっと大きいものがあれば、そのもっと大きいものを占領したいと思うのが良心の願いでしょうか。それとも、そこまでは願わないでしょうか。神様よりもっと大きいものがあれば、そのもっと大きいものを占領したいと思うのが良心の願いなのです。それでは、良心の願いはいったい何をしようというのでしょうか。宇宙で最高のものがあるなら、その最高のものも占領し、それ以上に大きなものがあっても、また占領しようとするのです。良心は、それほど大きなふろしきだというのです。

神様が一番占領したいものは人間の真の愛

それでは、神様の心はどれほど大きいでしょうか。人間の良心のふろしきと神様の心を比較すれば、どちらがより大きいでしょうか。神様の心が人間の良心より大きいとすれば、神様が一番占領したいと思うものは、この上なく大きな人間の真の愛だという結論が出てくるのです。

神様が絶対的な方であるなら、一人でいて寂しいでしょうか、幸福でしょうか。皆様がいくら大統領でも、配偶者がいなくて一人で暮らすようになれば、かわいそうなのです。愛の対象がいなければかわいそうになるのです。神様も相対が必要でしょうか、必要ではないでしょうか。

いくら神様でも、一人では寂しいのです。人間はお金がなければ寂しく、知識がなければ寂しく、権力がなければ寂しく思うのですが、神様はお金を必要とせず、知識も必要とせず、権力も必要としません。創造主だからです。神様に一番必要なものとは何かが問題です。神様のことを何と言いますか。神様は愛の王であられ、愛の主人であられます。もし愛の王であられ、新郎であられる方が神様であれば、相対者である王妃が必要だというのは絶対的原理です。それでは、「絶対的な神様の愛の相対になる方とはどなたでしょうか」と尋ねれば、どのように答えますか。それは、真の人間であるというのです。

皆様はお金を必要とし、知識を必要とし、権力を必要としますが、配偶者がいなければ、すべて意味がありません。夫には妻が必要であり、子女が必要であり、妻には夫が必要であり、子女が必要です。そのような愛の対象が暮らす所が家庭です。

私はここで、良心の願いをいっぱいに満たせる愛の主体であられる神様に侍り、その神様の愛の対象である男性と女性が一つになって、その愛の中で息子、娘を生み、幸福で豊かに暮らせる家庭こそ、神様の真の愛を中心とした地上天国の最初の出発基地になるということを主張します。

私たち人間が、愛する相対が自分より何千万倍、無限大の価値ある存在として現れることを願うのと同じように、神様も、御自身の愛する相対が無限の価値のある存在になることを願うのです。そのような人が、真の人間です。皆様、そのような男性と女性が、まさにアダムとエバだったという事実を知りませんでした。私たちに高い良心の願いが与えられたのは、神様が主体であれば、人間は対象の立場にある存在だからです。ですから、神様の分身ではなく、神様とは違う、別個の人格者だというのです。そのような対象に、神様より数千万倍価値のある存在になることを願う、良心に基づく欲望を許してくださったのです。それが良心の作用だということを、私たちは知らなければなりません。

神様が創造当時、理想として願った真の愛、偉大な愛を中心として、人間と愛の関係を結び、一つになれる神人愛一体の家庭を築いたならば、今日、私たちは天国とか地獄とか言うこともなく、そのまま天国に入るようになるのです。ここで問題になるのは、神様の真の愛と人間の真の愛が、一つの主体的愛と相対的愛として一つになって一点から出発しなければ、神様の愛と人間の愛が異なる二つの愛として出発するようになり、二つの愛の方向と目的地になるということです。このようになるとき、神様と人間が願う絶対的理想世界を見いだすことはできません。この二つの愛が一点から出発できることを願った神様のみ旨は、堕落によって完全に停止してしまったというのです。

真の愛と真の生命と真の血統を受け継ぐことによって救いが成就する

サタンの愛を中心に偽りの父母が生まれ、偽りの愛、偽りの生命、偽りの血統を受け継いだ子孫なので、すべて地獄に行くのです。天国とは関係がありません。ですから、体の強い力を制御して、心が思いどおりにできる人を中心として、良心を通して神様の愛を占領しなければなりません。ところが、私たち人間はその事実を知らなかったのです。

皆様。恋煩いというものを知っていますか。恋煩いにかかった人は、恋煩いにかかった動機を解決してあげれば、すべてが解決します。堕落した人間ですが、堕落していないアダムの本性が残っているので、それが恋煩いにかかったように神様の愛を慕い、また慕うというのです。良心は、「神様の真の愛を、どのようにして占領するか」と言います。お金があり、知識があり、権力があっても、自分の命を懸けて愛する人を失ってしまえば、何の役にも立たないのです。

皆様が心を解放して解怨成就させ、良心世界において三六〇度に解放圏を形成すれば、その良心は自然に神様の真の愛と連結されるようになっています。愛のふろしきと良心のふろしきのうち、どちらが大きいかと言えば、愛のふろしきが大きいのです。なぜなら、良心は愛から始まったからです。良心を解放し、神様の真の愛と一つになって暮らしてから入る所、神様を中心とした愛の血族を準備して、彼らを中心に暮らしてから入る所が天国です。その愛を占領できなければ、永遠に天国に入れず、その日のために数千万年、待たなければなりません。

堕落した人間は、神様の真の思想と経綸の明かりが神様の真の愛とともに灯されて一体にならない限り、天国とは関係がありません。真の良心と真の愛が一つになって暮らす人は、自動的に天国に入ります。イエス様を信じても、神様の愛と結合できなかった人は、天国に入れないのです。

体と心が闘う人は天国に入れません。サタンの血統を受けて紛争が起きている人は、天国に入れないというのです。このようなことを開拓すべきすべての宗教が自ら争うときには、「終わりの日」に、すべて滅びるのです。争う所には神様がいらっしゃいません。ですから、宗教を信じるというのは、体を打って良心を解放する断片的なものであって、これが救いの門を開く鍵ではないのです。神様の真の愛を中心として、真の愛と真の生命と真の血統を受け継がなければ、救いはあり得ないという事実を知らなければなりません。宗教を信じることによって救われるのではありません。宗教を信じるのは、体を追い込むためです。良心の解放圏を備えるようになれば、良心の願いは神様よりも高まるというのです。

人間は神様に帰らなければならない

皆様。自分がすることを良心が先に知るでしょうか、神様が先に知るでしょうか。良心が先に知るというのです。私たち人間は相対的な存在なので、夫と向き合う妻のように、個性も人格も異なっているのです。

もし神様が先に知るとすれば、人間は神様の分身であり、一つの体なのです。一人では、相対的な理想を完成できないというのです。それで、アダムとエバが堕落した後、神様は、「アダムよ！　お前はどこにいるのか」とまず尋ねたのです。人間は神様の真の愛から出発したので、対象的な人格者として神様に帰るのです。神様に帰らなければなりません。父母が百歳になり、息子も年を取って八十歳になれば、父と息子は父子の関係はもちろん、友達にもなるのです。

女性と男性は、力で比較すれば相手にもなりませんが、愛というものが介在すれば、妻と夫が互いに押したり引き寄せたりしながら、一つになるというのです。人間が神様のみ前に対象的な愛の存在になったとすれば、神様が喜ばれるでしょうか、喜ばれないでしょうか。

神様は、神様の理想的な対象を未来の希望として願いながら、愛の対象が完成する前にこの宇宙をお造りになったのですが、愛の対象として完成した後に、アダムとエバがそれ以上に大きいものを再び創造してほしいと言えば、神様にそれを創造できる能力があるでしょうか、ないでしょうか。私たちの良心の願いが無限であっても、それを創造してくださる神様であるということを知らなければなりません。

このように無限な神様の真の愛を中心として、対象の価値を持つ存在として人間をつくったのですが、これを完全に失った人間になったので、再びこれを回復しなければならないのが人間の生涯であり、人類歴史の目的であるという事実を知らなければなりません。各宗教では、宗教の主人たちが再び来ると言いました。イエス様が再臨すると言い、仏教では弥勒(みろく)仏が来ると言い、儒教は新しい孔子が来ると言い、イスラームのシーア派ではマフディーが来ると言ったのです。

神様が宗教を立てた目的は何でしょうか。神様が一番愛する息子、娘、神様の骨と肉が一つになる、そのような愛する息子、娘を中心とした愛する家庭、愛する氏族、民族、国家を形成するのが神様のみ旨に違いないということを、はっきりと知らなければなりません。そうだとすれば、メシヤはどのような方かということを知らなければならないのです。永遠なる神様の真の愛を根として初めて地上に訪ねてこられ、すべての宗教が願う理想を完成する方が、再臨のメシヤであることを知らなければなりません。

神様の真の愛によって夫婦が一つにならなければならない

そうして、真の父母となり、失われた真の愛を中心として、真の生命と真の血統を理想家庭として地上に探して立てようというのが救援摂理の目的でした。堕落によって神様は、アダム家庭の真の母と息子、娘をすべて失ってしまいました。神様が触れられる真の息子、娘がいなかったというのです。神様の真の愛を中心として、血統的な関係を持てる神様の家庭がなかったのです。

堕落した父母によって偽りの愛と偽りの生命と偽りの血統の因縁を結ぶことにより、私たちの体と心の闘いが起こりました。アダムとエバが怨讐（おんしゅう）になりました。アダムの二人の息子の間で殺戮（さつりく）戦が起こったのです。

ですから、神様がこれを復帰するための救援摂理は復帰摂理なので、失われた真の体と心が一つになった息子、娘として、絶対的に一つになった夫婦と息子、娘が、神様の真の愛を中心として完全に一つとなり、神様と永遠に一緒に暮らせる真の家庭を築くのです。そして、新婦格であるキリスト教と連結させて、神様と血縁関係を結ぶことにより、神様の真の愛で統一された家庭、氏族、民族、国家、世界を再び編成しなければならないというのです。これが神様の救援摂理の完成です。

指導者の皆様。自分たちの国が神様の祝福を受けることを願うでしょう。そのためには、神様の真の愛を中心として、体と心が一つとなった民にならなければなりません。神様の真の愛を中心として、夫婦が絶対的に一つになれなければならないというのです。神様の真の愛を中心として子女が絶対的に一つになれる家庭の数がこの国に多くなるとき、神様がこの国に来て暮らすようになるというのです。そのようになれば、自然にこの国も世界の中心国家にならざるを得ないのです。

人間も、自分の一番愛する人が農村や貧民窟にいるとすれば、その愛する主体は対象が暮らす所に行って、共に暮らしたいと思うのです。どのような所でも、愛する人がいる所に行って暮らしたいというのです。それと同じように、神様も一番愛する息子、娘がいる所であれば、農村や貧民窟も天国になるのであり、上流層が住む所、中流層が住む所、どのような環境でも天国になるのです。

きょう、統一教会の教主という人がここに現れて話をしていますが、統一教会とはいったい何をする所なのでしょうか。神様の真の愛を紹介する所であり、真の愛を中心として体と心を一つにしようとする所であり、体と心が一つとなったその夫婦を、絶対的に一つになるべき理想的夫婦にしようとする所です。その息子、娘は絶対的に別れることのない統一された兄弟にしようという、そのような主義を持ち、神様の命令によってその使命を遂行するのが、統一教会であることをお伝えします。

国際合同祝福結婚式の意義

偽りの愛による偽りの父母から、偽りの愛と偽りの生命と、そして偽りの血統によって始まったすべての汚されたものを完全に清算し、真の神様と真の父母の愛を中心として私たち夫婦が真の父母となり、神人愛が一体となった真の愛の種、真の生命の種、真の血統の種を接ぎ木してあげるための礼式が、国際合同祝福結婚式なのです。

　堕落によって、偽りの愛、偽りの生命、偽りの血統の種を受け、偽りの結婚式をした家庭を反対に復帰するため、新しい結婚式に国際的に多くの家庭を参加させ、天の大きな祝福を伝授してあげようという礼式が祝福結婚です。世界の全人類が大きな祝福を受け、天国家庭に転換されて、地上天国に入籍する国民になることを願ってやみません。こうして、超国家的な血縁関係を結成し、神様を中心とした天宙的大家庭主義を形成することにより、真の父母主義、夫婦主義、兄弟主義を宣布して心情文化世界を成し遂げ、地上から天上世界まで、天国に入っていける解放された地上天国の世界を完成しようというのが、統一教会の目的です。

　第二次世界大戦以降、レバレンド・ムーンは全世界的に五十年間、迫害を受けてきました。罪があったからではなく、自分たちを救うために多くの迫害を受けたことが分かる時代になったので、今や反対に、一番立派であると考えるようになりました。レバレンド・ムーンの手によって共産主義が滅びました。ゴルバチョフ大統領と金日成（キムイルソン）主席を教化させた人がレバレンド・ムーンです。滅びゆくアメリカを救うためにはレバレンド・ムーンでなければならないという、希望的な体制をつくっておきました。

　韓国と北朝鮮の統一のためにも、レバレンド・ムーンはあらゆる努力を傾けています。中東もそうです。アメリカの共和党が四十年ぶりに勝利したのも、レバレンド・ムーンが背後から影響を及ぼしたためであるという事実を知らなければなりません。

レバレンド・ムーンは今まで、語ったことはすべて成し遂げてきました。全世界がレバレンド・ムーンをたたき潰し、葬り去ろうとありとあらゆることをしましたが、死なずに堂々と世界の頂上に立ち、きょうもこうして叫ぶことのできる立場に立ちました。それは天が愛するからであり、神様が絶対的に保護するからであることを知って、統一教会について命を懸けて学んでみなければならないと思うのです。

解放と自由と統一と幸福の天国

きょう、このような意義深い日に出会い、信じるに値する立場で一番重要な事実について紹介したことを理解してくださり、どうか忘れずにこの道に従って、皆様が新しい覚醒のもとに決意し、皆様の家庭と皆様の国を祝福に導く指導者となるようにお願いします。これにより、理想的家庭が皆様の国において出発し始めるのです。

皆様もご存じのとおり、レバレンド・ムーンと私は真の父母として全世界に知られています。今日、私たち夫婦が本当に真の父母として、真の愛、真の生命、真の血統によって天と連結されたことが事実であれば、この地上には平和を成し遂げた「真の家庭と私」から、解放と自由と統一と幸福の天国が芽生えてくることを心に留めてくださるようにお願いします。皆様の家庭と国に神様の祝福があることをお祈りいたします。ありがとうございました。

22　真の母が抱える思い

一九九五年九月十七日
日本・大阪

＊「統一燭（しょく）」伝授式で語られたみ言（ことば）

皆さんは、私のことを何と呼びますか。「ミセス・ムーン」？　「真のお母様」と呼ぶでしょう？　普通、母親の周りには誰がいますか。息子、娘がいるのではありませんか。もちろん、父親もそばにはいますが、母親と近いのは子供たちではないでしょうか。

困難な立場を克服してこそ孝子、孝女と呼ばれる

皆さんはお母様の息子、娘ですか。(「はい」)。どんな息子ですか。問題の多い息子ですか、問題のない息子ですか。立派な息子ですか、できの悪い息子ですか。父母に心配をたくさんかける子供ですか、父母を助ける子供ですか。皆さんは、どんな立場に立ちたいですか。

皆さんは、父母に一番近い孝子、孝女の立場に立ちたいでしょう？　(「はい」)。ところで、そうなる

ことは易しいですか、難しいですか。普通の立場で孝子と呼ばれることができますか、できませんか。困難な立場を克服してこそ、孝子と呼ばれることができるのです。

「今、抱えている現状が難しい」ということをそのまま受け入れるのは、停止することを意味します。生きている生命体が停止してしまえば、どうなりますか。死ぬしか道がありません。そのような所には孝子、孝女は存在することができません。

私も、母親の立場で皆さんを慰めてあげたいし、皆さんの味方になってあげたいのです。けれども、母親の欲としては、普通の平凡な子供に育てたくはないのです。世界のどこに行っても、「ああ、私の子供は立派で偉い」と言って回りたいのが、すべての母親たちの気持ちでしょう。私もそうです。母親がそのような気持ちなら、父親はそれとは違った気持ちでしょうか。神様はどうでしょうか。

神様は、アダムとエバを大きな理想と希望を抱いて創造されました。心血のすべてを注いで人類を創造され、アダムとエバの成長を期待される神様の心は、どのようなものだったでしょうか。神様御自身が喜びの中で、対象的な立場にあるアダムとエバが成長する姿を御覧になりながら、どれほど喜ばれたことでしょうか。

「早く、早く成長して、私と同じ感情、私と同じ気持ちを持ちなさい。早く、早く大きくなって、私のようになりなさい」と思われたのではないでしょうか。アダムとエバという両性を御覧になる神様は、本当に満足なさり、喜ばれたことでしょう。

皆さんも祝福を受けて、子供を育てていることと思います。その中には、二世が祝福を受けた家庭もあるでしょう。子女を養育し、また子女が成長して祝福を受けるようになり、またそこに孫ができるようになった時、特別な喜びがあります。

皆さんは、みな知っていることと思いますが、私には十四人の子女がいます。子供を育てる時には余裕もなく、また摂理も忙しく、いろいろなことがあって、それほど細やかな情を感じることができませんでした。しかし、孫の相手をする時には、子供を育てる時には感じることのできなかった、表現することのできない情がたくさん感じられるように思います。

私がなぜ、このように孫の話をするのかといえば、そのようなことがあるたびに、神様の心情を体恤するからです。神様が希望を抱き、待ちに待ってきたアダムとエバがある日突然、御自身の手元を離れなければならなかった時の胸の痛みは、いかばかりであったことでしょうか。この時の神様の心情を思うと、涙がたくさん流れるのです。

神様の理想の中、立派に成長し、神様の理想的な愛の対象として、神様と共に地上天国、天上天国を築いていくべき人間が、正反対の方向に離れていった時の神様の痛みは、どれほど大きかったことでしょうか。神様の切なさが、どれくらい骨身に染みるほど痛切なものであったかを、生活の中で感じるのです。

救援摂理や復帰摂理とはどういうことをいうのでしょうか。蕩減歴史ということが、どうして生じてこなければならなかったのでしょうか。

天を考える前に自分のことを考える弊害

私たちが後悔のない人生を送るために、私が幼い時の体験をお話しいたします。

私の故郷が北朝鮮であることを、皆さんは知っているでしょう？　一九四五年、日帝からの解放後に、韓半島は三十八度線で分断されました。私は統一される見込みのない状態で、南に下ってこざるを得なくなりました。ところが、三十八度線以北では、金日成(キムイルソン)主席が野望を抱き、できるだけ民間人が南へ下っていけないようにしていたのです。

そのような中、三十八度線に引かれていた境界線が目の前に見える所まで南下した時でした。私たちと一緒に下ってきた一人の若い婦人が、走って境界線を越えていくのが見えました。しかし、私が幼かったので、私たちはそのように走っていくこともできず、捕まってしまったのです。その時、私は数えで六歳であり、祖母と母と一緒でした。その後、結局は越えてくることができましたが、一週間ほど遅れて、南までやってきたのです。

今、その時と同じ状況であると考えてみました。今年の年頭標語は何ですか？（「『真の父母様の勝利圏を相続しよう』です」）。それはどういう意味ですか。父母様が勝利されたということではないでしょうか。父母様がこの地上に来られた目的は、すべて成しました。しかし、人類にとって、それですべてでしょうか？

私たちの教会では、「家族」という意味で「食口(シック)」という言葉を使います。食口というとき、その中には誰がいますか。父母と家族がいるのではないでしょうか。それでは、父母が勝利したことを子供たちが相続しなければなりませんか、それとも相続してはならないのでしょうか。(「しなければなりません」)。

真の父母様が勝利された業績は、簡単に築かれたものではありません。復帰摂理歴史は六千年です。キリスト教はどのように摂理されたのでしょうか。再臨主を迎えるために、天が準備されたのではないでしょうか。第二次世界大戦後に、キリスト教を中心としたキリスト教文化圏が、お父様を再臨主として迎え入れていたなら、どうなっていたのでしょうか。七年以内に世界を統一することができるはずだったのです。

天が苦労して準備された基台を失うことになってしまった結果、責任を負わなければならない再臨主の立場は、どのようなものになりましたか。独り、荒野に追われた身となり、どん底からはい上がってくるしかなかったという話を皆さんは聞いたことがあると思います。

皆さんは今まで、あまりにも多くのみ言(ことば)を聞き、父母様が勝利された実績と業績の中で生活してきました。しかし、それを肌で感じることのできない人生を過ごしてきたということも事実ではないでしょうか。

皆さんは、「それはお父様の仕事であり、私たち統一教会の仕事であり、私たち教区の仕事である」と考えてしまったのです。お父様が多くのみ言を語られ、皆さんに責任を与えても、それを「私の責任ではない」と考えてしまったのではないでしょうか。自分が少し遠慮しても、ほかにやってくれる人がいるので、「それは私たちの責任である」とばかり思ってきたのです。いわば、無責任な立場に立ってきたのです。

お父様は四十年の間、とうてい言葉では言い表すことのできない肉体的な苦痛を負ってこられましたが、精神的、心情的に受ける打撃は、それよりもさらに筆舌に尽くし難いものでした。皆さんは一瞬くらいなら、そのことを体恤(たいじゅつ)し得る機会があったかもしれませんが、お父様は一生がそうであられたのです。

今まで、宗教を信じる人々は出家をして、その志を成そうと考えてきました。またそうしなければ、志を成し遂げることができませんでした。それは当然のことです。堕落したこの世で一緒に生活しながら天に侍(はべ)ることはできない、というのは当然のことです。

ですから、家を出て聖別された生活をしながら、天を求めて侍るべき立場に立たなければならなかったのです。そのような立場を見いだすまで、そういう人たちがどれほど苦労したか分かりません。断食もしなければならず、雪の降る極寒の山で、また恐ろしい猛獣たちがいる所で昼夜闘いながら、信仰を守ってきた数多くの歴史があります。

それを考えるとき、今の私たちの立場はどうでしょうか。数年前、「氏族的メシヤをしなさい」と言った時、どのように考えましたか。不平が多かったのではないでしょうか。自分自身の今置かれた立場が難しくなることのほうを心配したのではありませんか。それとも天のみ旨を心配したのですか。私たちはどんな時でも、天を考える前に自分自身のことを先に考えてしまうということが、病んでいるということなのです。

お父様のみ言を自分の体で実践する生活をしなければならない

勝利された父母様の前で、今の自分自身は、自己と闘わなければならない状態にあるということを、皆さんは知っていることでしょう。その闘いにおいて、皆さんはどれくらい天の前に近い立場にいますか。天の前に、自分自身がああだこうだとは言えない立場であるにもかかわらず、恥じることを知らず、言い訳が多く、言葉をわきまえなかったのではないでしょうか。そのようなことで、いつ天のみ旨を成すというのでしょうか。

最近、私はとても緊迫し、切迫した状態で生活しています。例えて言えば、四方が絶壁で断崖となった所を克服していかなければならないような立場です。しかし、そうしながらも生き残らなければなりません。み旨がますます拡大され、さらに進展していくのが目に見えれば見えるほど、私の心はさらにそうなるのです。

お父様も、一日を千年のように思って暮らしていらっしゃるかのようです。このような心情を、皆さんはよく分からないことでしょう。それほど、心情的に距離があるのです。

私は母の立場で、どうしたらよいかということを考えました。まず、母親が子供を教育するときは、その子供と心情的に通じる場が必要です。いくら難しく、骨が折れるとしても、その子供が自分の務めを果たせるようになる時まで、心血を注いで育てなければなりません。そして子供の父親である自分の夫にも、子供の欠点をあまり見せたくはないというのが、また母の心情でもあります。それが、今の私の気持ちです。それは、父母様が行かれる所に、皆さんを全員連れていきたいということです。

私が行った講演の中でも、「お父様は、一度語られたことはすべて成してきた」と宣布しました。ですから、母の前には失敗した子供を置きたくはないのです。

自分の一身を振り返っても、心と体が闘う状態にある人間がいろいろ集まって一緒に仕事をするのに、争いがないということはないでしょう。しかし一家の主がいて、その父親の言葉に、一糸乱れずに動じるという信念で統一されていれば、ささいな争いは問題になりません。

今、私たちは一日一日生活しながら、お父様のみ言(ことば)を自分の体で実践する生活をしなければなりません。今までは頭だけで考え、言葉だけで「実践します」と言っていましたが、今からは体で実践する皆さんになるようお願いします。

責任を持ちながらも果たせなかったとき、それが「誰かのせいでできなかった」という話はあり得ないのです。すべてのことが自分の責任であり、自分が足りなかったからそうなったのです。自分がもっと努力しなければならなかったと結論づければいいのです。そのように先頭に立って生活するのが父親であり、真のお父様であられます。統一教会や食口(シック)たちが誤りを犯したこともすべて、結局お父様がみな背負っていらっしゃるのではないでしょうか。

それを皆さんは、一度でも心の門を開いて同情したことがありますか。同情する前にすぐ、自分自身が大変なので、批判から始めようとしたのではないでしょうか。しかしお父様は、それをみなご存じでありながらも、知らないかのように再び接してくださるのです。そして、さらにまた激励し、再び導いていかなければならないお父様なのです。一生をそのように生きてこられたお父様のことを考えてみてください。

真のお父様が千年、万年、肉身を持って暮らされるとでも思いますか。もう遠からず八十歳を迎えようとしておられるのに、今も第一線で身もだえしなければならないその事情を、皆さんは知っていますか。皆さんは今、少しばかりの楽をして、永遠に後悔したいとは思わないでしょう？　そのような切迫した心情を最も感じているのが、恐らく私の立場であるのかもしれません。

皆が一緒に生きることのできる道を探し出さなければならない

今回お父様は、九月五日からアメリカ巡回講演をされ、私も日本での講演を行いました。私は家を出てくる時、子供たちと話し合いました。集まることのできる子供たちをみな集めてから、「お父様が、再び人類を抱かれるために、アメリカを相手に、第一線に出てお話ししようとされているので、私たちは精誠を尽くしましょう」と言いました。

子供たちは一言の異議もなしに、みな「そうしましょう」と言いました。子供たちは離れ離れに分かれて勉強しているのですが、どのような環境にいたとしても、夜十二時になればロウソクを灯(とも)して祈祷することにしました。来年の一月二日までの百二十日間、精誠を捧げることにしたのです。

そして、「あなたたちの精誠を天に至らしめて、すべての統一教会、また外部にまで影響を及ぼすことのできる基台をつくりましょう」、「多くの過ちのゆえに家庭に多くの困難なことが生じましたが、それもすべて許しましょう」と言いました。

今までお父様が歩んでこられたのは、御自分の家庭と子供よりは、カイン世界のためでした。そのために、一生を捧げてこられたのです。それが皆さんであり、祝福家庭だったのです。

今、成すべきことが多く、使命も大きいのに、それを抱いて起き上がることができず、もがいているという状態です。しかし、ただそのままでいることもできず、そのままぺしゃんこになって死ぬこともできないのではないでしょうか。一人も落後することなく、みな一緒に生きることのできる道を、私たちは探し出さなければなりません。

今の私の立場はとても急がれています。一日一日、筆舌に尽くし難い圧力を受けているのです。

私の最後の願いは、お父様が生きておられるうちに、この地上に来られて立てるべき伝統と、御自身が生前になさるべきことをみななさって、霊界に行かれるようにしてさしあげることです。そのような環境を早くつくらなければならないというのが、私の願いであり、子供たちと一緒に祈祷する目的です。

そこで、私がきょう持ってきたロウソクがあるのですが、これを伝授します。ですから皆さんには、父母様の前に誇れる息子、娘として、この地上で実を結ぶ立場に立ってほしいのです。そして、皆を天国に一緒に連れていきたいのです。

精誠を捧げる基台を、真の父母の家庭の子女たちまで拡大し、幼くとも皆さんがその隊列に共に同参して、同じ心情で、各自、責任を果たすことのできる者となってほしいのです。そして、エバ国の使命を全うすべき日本の子女たち、世界のすべての子女たちとなることを祈り、体で実践する者となることを願います。皆さんも決心を固める心で臨んでくれれば幸いです。

それから、皆さんにもう一つお願いしたいことは、私たちの道を短縮することができるものならば、それは短縮すべきなのであって、「延長」という言葉は、私たちの前から取り除いてしまわなければならないということです。しかしそうするためには、今の状態よりも、もっと困難な立場に陥るかもしれません。そうなれば、命懸けで走らなければならなくなりますが、皆さんはできますか。（「はい」）。

本当は、皆さんにたくさんの話をしようと思ったのですが、私がこのように感情を抑えることができなくて、申し訳ありません。

今回の三十六万双の祝福は、本当に奇跡的なことでしょう？（「はい」）。それなのに、恥ずかしいことに日本は責任を完全には果たせませんでした。しかし、考えもしなかったアフリカから多くの教団と食口（シック）たちが集まったおかげで、成功裏に行事を挙行することができました。

祝福を守ろうとするならば、奪われないようにしなければなりません。奪われてもいいという人がいますか。あとになって、アフリカにいる人たちが来て、「あなたたちは何をしましたか。あなたたちが祝福を受けた立場を、私たちに譲り渡しなさい」と言ったらどうするのですか。万が一、そのようなことがあったとしても、その場でおとなしく、すぐに差し出すのではなく、それでも何か言うべきことがなければなりません。それで、その理由をつくってあげようと思います。一度やってみますか。（「はい」）。

きょう、ロウソクを準備しましたか。(「はい」)。

皆さん、三十六万双の祝福を間近に控えて、漢南洞(ハンナムドン)でお父様の御親族、御両親を祝福したということを聞きましたか。(「はい」)。それから、大母様(テモニム)について聞きましたか。(「はい」)。

大母様が昇華(聖和(ソンファ)、逝去)された時、お父様が大母様に対して、「霊界の門を開き、熱心に働きなさい」と祈祷されたことがあったのですが、そのことによって、大母様が霊的にたくさん役事されているのです。とても一所懸命にしておられます。

このロウソクは一本ですが、これは三つのロウソクが一つになったものです。そして、ここに真の子女たちの愛が込められています。

〈お母様の祈祷〉

愛する天のお父様。

人間始祖が堕落によって零落して、神様の前に出ていくことさえできなくなってしまった、かわいそうな人類を見つめられるあなたは、どれほど心を痛めておられることでしょうか。

数千年間を経てくる中で、多くの義人、聖人たちを送られ、多くの罪の代価を払い、イエス様を送られて、民族を取り戻し、世界を取り戻そうとされたあなたのみ旨は、いま一度悲しみの歴史を重ねることになりました。かわいそうな人類の歴史を、そのようにしてたどってこられたお父様の心情は、どれほど痛んでいらっしゃることでしょうか。

二千年という、長い長い歳月を、「どの民族を通してこのみ旨を成そうか」と、どれほど目を凝らして探し求めてこられたことでしょうか。

世界の中で、どこにあるのかも分からない、そのような韓民族、韓国の地にあなたの独り子をお送りくださいました。あなたが抱えてこられた歴史の一つ一つを教えながら、その恨を解いてくれるその息子を見つめられる天のお父様は、（その息子が迫害を受ける姿を御覧になって）どれほど心を痛めていらっしゃるでしょうか。

あなたがつくられたキリスト教の基盤が崩れてしまったために、再び断崖のような所をはいあがってこなければならなかった真のお父様。息を整えるいとまもないのに、じっと見つめられる天のお父様の前に立って、むしろ慰労する息子の立場で歩んでこられたお父様。そのような真のお父様であられるということを、私たち足らない少数の群れは知っております。

堕落圏内にはまだ、歴史の深い恨みを残しています。私たちの願いは、子供としての道理をすべて果たし、お父様を慰労してさしあげ、お父様の行かれる道を明るく照らしてさしあげることです。お父様、お導きください。

あまりにも時が切迫し、残された歳月の一日でも短縮してさしあげることができますように。そのように、数十遍、数百遍、あなたの行く道を短縮してさしあげ、照らしてさしあげたいという私たちの心は切なるものですが、そこに道理を果たすことができないでいる足らないこの群れたちを、お父様、見守ってください。そして、お父様の大きな哀れみと、愛で育ててください。

あなたが自分の息子であり、娘であるといって抱いてくださることのできる場に同参して、天の前に栄光をお返ししたいという切なる心で、私たちはきょうも、あすも歩みますので、その姿を哀れに御覧になり、記憶してください。

いま一度決心し、今回のこの期間が、あなたのみ旨を成就する瞬間まで、真の父母の家庭を中心として一体になった立場で、最善の努力を尽くすことを誓って進む決心を固める期間となりますように。

この期間に、天の前に不忠であり、不孝であったすべてのことを悔い改めて、新しく生まれ、新しく出発して、天の前に栄光の場をつくってさしあげることのできる責任者たちとなり、祝福を受けた家庭となりますように。エバ国が責任を果たすことのできる立場に立つその日まで、休まずに努力するという決心をするために、今、この場に立ちました。

この「統一のロウソク（統一燭）」を連結して、永遠に消えることのない火で、あなたの前に、忠誠と愛の心を持って全人類を愛することを重ね重ね誓い、約束する時間となりますように。そして、そのような人生を生きることのできる各自となることができますように、お父様、激励し、お守りください。

そのためにこの生命を捧げるほどに、忠誠を尽くすことをお誓い申し上げるとともに、そのような立派な者たちとなることができますように、いま一度祝福してください。すべてのみ言を真の父母のみ名によってお祈り申し上げました。アーメン。

このロウソクが灯っている限り、エバ国は死にません。強く雄々しく前進し、何としてでも、お父様

をたくさん証しして（あか）くださるい。おどおどすることなく、遠回しにではなく、はっきりと証ししてくださ
い。東洋と西洋が一つになるのです。アメリカでも十二時から真の子女たちが祈祷しているはずです。

天よ！　み旨を成してください！
天よ！　栄光をお受けください！
真の父母が安泰でありますように！
真の家庭が安泰でありますように！
真の子女となることを天の前に感謝申し上げます。
天よ！　祝福してください！
天よ！　お喜びください！
必ず成してさしあげます。
安心してください。
安心してください。
安心してください。

母の国・日本に贈られた愛の御言

韓鶴子（ハンハクチャ）総裁御言（みことば）選集 1 1965～1995

2023年 5月21日 初版第1刷発行

編　集　天の父母様聖会 世界平和統一家庭連合

発　行　株式会社 光言社
〒150-0042　東京都渋谷区宇田川町37-18
電話　03（3467）3105
https://www.kogensha.jp

印　刷　株式会社 ユニバーサル企画